THE BASICS OF ISLAMIC FINANCE
With Applications in Malaysia

Sabariah Nordin
Zaemah Zainuddin

イスラム金融の基礎

金融市場編

サバリア・ノルディン
ザエマ・ザイヌディン　著

岡野俊介　訳

This book イスラム金融の基礎 金融市場編 is a correct translation of the book *The Basics of Islamic Finance with Applications in Malaysia* originally published by UUM Press, Universiti Utara Malaysia, 06010 UUM Sintok, Kedah, Malaysia.

Jointly Published by:
INSTITUT TERJEMAHAN & BUKU MALAYSIA BERHAD
Wisma ITBM, No. 2, Jalan 2/27E
Seksyen 10, Wangsa Maju
53300 Kuala Lumpur
Malaysia
Tel.: +603-4145 1800　　　Fax: +603-4142 0753
E-mail: publishing@itbm.com.my　　　Website: www.itbm.com.my

AND

UNIVERSITI UTARA MALAYSIA
06010 UUM Sintok,
Kedah Malaysia
Tel.: +604-9284796　　　Fax: +604-9284792
E-mail: penerbit@uum.edu.my　　Website: uumpress.uum.edu.my

AND

JAPAN – MALAYSIA ASSOCIATION
1-1-1, Hirakawacho,
Chiyoda-ku, Tokyo,
Japan 102-0093
Tel.: +813-3263-0048　Fax: +813-3263-0049
Website: www.jma-wawasan.com

First Printing 2017
Translation and Publication © Institut Terjemahan & Buku Malaysia, Universiti Utara Malaysia and Japan – Malaysia Association
Original Text © Sabariah Nordin and Zaemah Zainuddin

All rights reserved. No part of this publication may be reproduced, stored in a retrieval system or transmitted, in any form or by any means, electronic, mechanical, photocopying, recording or otherwise, except brief extracts for the purpose of review, without the prior permission in writing of the publisher and copyright administrator from Institut Terjemahan & Buku Malaysia Berhad, Wisma ITBM, No. 2, Jalan 2/27E, Seksyen 10, Wangsa Maju, 53300 Kuala Lumpur. It is advisable also to consult the publisher if in any doubt as to the legality of any copying which is to be undertaken.

Printed in Malaysia by:

UUM Press,
Universiti Utara Malaysia
06010 UUM Sintok,
Kedah, Malaysia

目次

図表の一覧 ix
前文 xi

1. **イスラム金融と銀行業** 1
   - イスラムを生活様式として理解する 1
   - お金が果たす役割 4
     - 取引の対価 4
     - 価値の保全 4
   - イスラム金融とイスラム銀行の哲学 4
   - シャーリアの目的 5
     - 必要性（dharuriyyat） 5
     - 利便性（hajiyyat） 6
     - 改善（tahsiniyyat） 6
   - イスラム金融の原則 7
   - イスラム経済と資本主義経済 7
   - マレーシアにおけるイスラム金融と銀行 9
   - 世界のイスラム金融とイスラム銀行 10
   - イスラム金融とイスラム銀行の形態 12
     - ムシャーラカ取引（ジョイント・ベンチャー） 12
     - ムダラバ取引（利益分配） 13
     - ムラバハ取引（コスト・プラス） 14
     - イジャーラ取引 15

2. **利率を理解する** 17
   - お金の時間的価値 17
   - 期待価格と利率 18
   - 金利の期間構造 19
     - 純粋期待仮説 20
     - 市場分断仮説 20
     - 流動性プレミアム仮説 21
   - 景気循環における金利変動 21

金利のリスク構造　22
　　　マレーシアの金利　22

3. **イスラムから見たリバー**　24
　　　リバーの意味　24
　　　リバーの禁止　25
　　　リバーと利益の区別　27
　　　リバーの分類　28
　　　ガラール　29
　　　マイシール　31

4. **イスラム金融市場**　32
　　　イスラム短期金融市場　32
　　　　　イスラム銀行業務　33
　　　　　イスラム保険（タカフル）　34
　　　　　イスラム短期金融市場商品　34
　　　イスラム長期金融市場　39
　　　マレーシアにおけるイスラム長期金融市場の発展　39
　　　イスラム株式市場　40
　　　　　イスラム・ユニット・トラスト　43
　　　　　イスラム REIT　43
　　　　　イスラム株式仲介　44
　　　　　イスラム・インデックス　45
　　　　　イスラム債権市場　45
　　　　　イスラム証券　46
　　　　　イスラム・ミディアム・ターム・ノート　46
　　　　　イスラム・コマーシャル・ペーパー　46
　　　　　イスラム債–スクーク　47
　　　イスラム・デリバティブ市場　47
　　　　　イスラム利潤スワップ（IPRS）　48
　　　　　イスラム為替スワップ（イスラム FX スワップ）　49
　　　　　イスラム通貨間スワップ（ICCS）　50

5. **イスラム金融市場における規則**　52
　　　イスラム金融サービス委員会（IFSB）　52

国際イスラム金融市場（IIFM）　　　　　　　　　　　53
　　イスラム金融機関会計監査機構（AAOIFI）　　　　　53
　　イスラム金融の構成要素　　　　　　　　　　　　　53
　　マレーシアにおける金融市場の規制官庁　　　　　　54
　　　　証券委員会（SC）　　　　　　　　　　　　　　57
　　　　ラブアン金融サービス機関（ラブアンFSA）　　57
　　マレーシアのイスラム金融銀行に関する法律の出典　58
　　　　2007年長期金融市場サービス法（CMSA）　　　58
　　　　2010年ラブアン・イスラム金融サービス証券法（LIFSSA）　59
　　イスラム金融の国内・国際ガイドラインとビジネスにおける実践　60

脚注　　　　　　　　　　　　　　　　　　　　　　　　62

用語集　　　　　　　　　　　　　　　　　　　　　　　63

あとがき　　　　　　　　　　　　　　　　　　　　　　65

マレーシアの認定イスラム金融機関一覧　　　　　　　　67

参考文献　　　　　　　　　　　　　　　　　　　　　　75

索引　　　　　　　　　　　　　　　　　　　　　　　　77

図表の一覧

図 1.1	生活様式としてのイスラム	2
表 1.1	アメリカに拠点を置く企業によるスクーク債発行例	11
図 1.2	シャーリア契約	11
図 2.1	金利の期間構造	20
表 2.1	債券のレーティング	22
図 2.2	マレーシアにおけるインターバンクのオーバーナイト金利	23
図 3.1	リバー	24
図 3.2	リバーがもたらすマイナスの影響	26
図 3.3	モノの売買が生む循環	27
図 3.4	リバーの分類	28
図 3.5	ガラールの種類	29
図 4.1	イスラム金融市場の構造	32
図 4.2	従来の銀行およびイスラム銀行における銀行と顧客の関係	33
表 4.1	マレーシア短期金融市場の主な出来事	37
表 4.2	CMP2 戦略の概要	40
表 4.3	イスラム長期金融市場	40
表 4.4	マレーシア証券取引所におけるシャリア準拠した証券	41
表 4.5	マレーシア証券取引所に上場しているシャリア準拠した証券　業界別（2013 年 5 月 23 日時点）	42
図 4.3	イスラム不動産投資信託の構造	44
表 4.6	債券とスクークの違い	45
図 4.4	イスラム利潤スワップの構造	48
図 4.5	イスラム為替スワップの構造	49
図 5.1	イスラム金融の主要な四つの構成要素	53
図 5.2	マレーシアにおける金融市場規制当局	53
図 5.3	契約に基づいた規制枠組み（IFSA 2013）	56
図 5.4	ラブアンにおけるイスラム金融の発展	58
図 5.5	イスラム金融のマレーシア国内および国際ガイドライン	59

前文

　本書は従来の金融機関に替わる選択肢を探している人々に対し、イスラム金融を紹介し、これを推進していくという目的で著されたものである。本書で試みたのは、イスラム金融と従来の金融という二つの選択肢について、その違いを説明するということである。しかしその違いの中でも特に重要だと我々が感じた、イスラム金融の基礎的な部分のみを説明しているに過ぎない。

　また、本文では市場で実際に取引されているイスラム金融商品についても紹介している。特にそれぞれの商品の特徴やイスラム金融商品の原則に目を向け、従来の金融商品とはどう違うのかを説明した。これら金融商品の説明にあたり、本書では短期金融市場と長期金融市場に焦点を当てている。

　前提となっている原則はシャーリア原則との関係が深いため、イスラム金融の実践においてそれを監督する機関が必要である。このため、イスラム金融の法律、規則、監督機関についても一章を割いている。金融機関は国内だけでなく国際市場にも対応する必要があるため、本書で議論するイスラム金融の基準では、マレーシアの具体的な規制を例に取った上で国際基準にも目を向けている。

　私たちは、本書がイスラム金融についてよりわかりやすい貴重な情報を提供できるよう願っている。読者として対象としたのはムスリムだけでなく、本書は非ムスリムの方々にも読んでもらえるように書かれたものである。非ムスリムの方々には、利息など幾つかのものが何故イスラム金融で認められていないのか、その理由を理解していただければ幸いである。

サバリア・ノルディン
ザエマ・ザイヌディン

1 イスラム金融と銀行業

多くの人にとってイスラムとは宗教であり、イバダ（信仰）を通じた神への従属だと考えているだろう。実際にはイスラムの教えは生活全般を網羅しており、金融や銀行なども含めた生活のほとんどの活動もその一部となっている。イスラム金融が従来の金融と異なりユニークな存在となっているのは、これが理由だろう。

イスラムを生活様式として理解する

イスラムは信仰から倫理、道徳まで、生活の全てであり、イスラム教徒の行動や行為はシャーリア法の原則によって規定されている。クルアーンとスンナの教えがシャーリア法の根本的な部分を示しており、これがイスラムの法体系を成している。シャーリア法はさらにイバダ（人が神に捧げる信仰）とムアマラ（人と人との活動）に分けられる。

イスラム金融と銀行は、イスラムを生活様式として理解することから発展してきたものである（次ページ図1.1）。他の宗教と違い、イスラムは神への服従と毎日の活動を同一のものとして捉えており、その中には金融活動も含まれている。人が為すことは全てイスラムで認められていなければならず、すべての行動には理由が求められ、近い将来か遠い未来かはわからないが、行動の結果は直接的・間接的に現れてくるというものである。同じことが金融システムでもいうことができる。このため、イスラムの教えに従った金融システムが必要となるのであり、これが今日ではイスラム金融またはイスラム銀行システムと呼ばれている。

イスラムの教えに従うムスリムの信仰は次の言葉に集約されている。

「アッラーの他に神はなく、ムハンマドはアラーの使者である。」

この言葉はシンプルに見えるのだが、イスラムのコンセプト、態度、価値観、行動、関係性など全てがここから派生しており、ムスリムにとっ

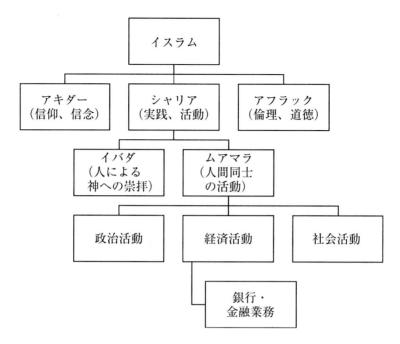

図 1.1 　生活様式としてのイスラム

出典：イスラム銀行の基礎のプレゼンテーションで使用されたスライドから採用
（Ahmad Sanusi Husain, Executive Director, AIBIM, Muhammad Faozie Shahari, AmIslamic Bank Berhad and Jamil Ramly, IBFIM. FSTEP, Bank Negara Malaysia）

て人生で最も重要な宣言であると言える。イスラムでは人と神だけではなく、人間同士や人間と周りの環境（動物や植物など）の関係性にも言及している。ムスリム自身も一つの民族や人種に限定されたものではない。イスラムの原則を追求する人間であれば誰でもムスリムになることができ、ムスリムと非ムスリムの間には調和のある関係がなければならない。

　ムスリムが生活の指針とする原典は、基本的にクルアーン（コーラン）、預言者のスンナ（慣行）、シャーリア（イスラム法）の三つである。預言者ムハンマドに啓示がくだされて7世紀に著されたクルアーンは、アラーの教えや秩序など人生すべての点において時を越えた指針となっている。預言者ムハンマドのスンナは神の教えと秩序をどのようにして実践に移すのかを著すことにより、後の世代が理解して取り入れて行けるよう示している。シャーリアは様々な目的の指針として作られたイスラ

ム法であり、主にクルアーンとスンナに基いて作られている。シャーリアの原典となっているのは、一次資料と二次資料にわけることができる（Islamic Banking Handbook 2010: p.9）。

一次資料
　1. クルアーン
　2. スンナ
　3. キヤース
　4. イジュマー

二次資料
　1. 預言者ムハンマドのシャーリア以前の法律
　2. 教友によるファトワ（見解）
　3. イスラム法による公正
　4. 公益への配慮
　5. 慣習
　6. 継続の推定
　7. 悪の防止

　イスラムという単語を直訳すると、「服従」や「平和」を意味し、神の啓示に積極的に服することによって平和が得られると考えられている。自らをイスラムに捧げるということは、正義、公平な機会、相互の思いやり、他者の権利への配慮、自身を守るための知識の追求、資源の利用などを通じ、平和を目指していくということである。イスラムの教えに従いシステムを作るのであれば、他の価値観を侵害すること無く、上記価値の増大を目指していくことが必須である。例えばムスリムが市場で何か物を売る時、誠実に正義を通し、顧客など他者の権利を尊重しなければいけない。嘘は非道徳的であり、嘘をつくことは許されない。

　これはイスラム金融とイスラム銀行についても当てはまる。イスラム金融とイスラム銀行にとって最も大きな点は、どのようにして利子を取らないシステムを構築するかである。利子はイスラムにおいて強く禁止されている点であり、クルアーンにも明記されている。イスラムが利子を禁止している理由は第3章で述べる。本書で詳細を説明していくイスラム金融とイスラム銀行が奨励する価値観は全て、シャーリアの原則か

ら生まれて来たものである。

お金が果たす役割

イスラムではお金の使用は禁止していない。ただし重要なのは、どのようにお金をつかうのかという点である。イスラムでは、お金は主に2つの役割を果たすと考えられている。
1. 取引の対価
2. 価値の保全

である。

取引の対価

お金を取引の対価とする考えは、物々交換で生じる問題から生まれたものである。預言者ムハンマドは、物々交換は不正や弱者の搾取を生む可能性があるため、取引の対価としてお金を利用することを奨励したのである（Ismail, 2010 p.25）。例えばAという人物が大麦と交換して米を手に入れようとしているとする。しかし自分の大麦が低品質であるなどの重要な情報を隠していた場合、取引相手は真実を知らずに米と大麦を交換してしまうことが起こりうる。これはよく情報の非対称性と呼ばれるものであり、不正の一例である。

価値の保全

お金が果たす価値の保全という役割は、イスラムが求めるザカット（喜捨）からも見て取れる。お金そのものが生産手段となり、さらなる価値を生み増えていく可能性があるので、金融資産に対してはザカットが課されるのである。イスラムが信徒に対して富の追求を奨励するのは、ザカットを支払うことで他者を救うことができ、イスラムの価値観を犠牲にする必要が無いからである。

イスラム金融とイスラム銀行の哲学

イスラム金融とイスラム銀行の哲学は、シャーリアの原則に基づいて作られている。イスラム金融の最も根本的な哲学は、リバー（利子）を

禁止しているという点だろう。しかし禁止しているのは借金が元本以上に増えてしまう点であり、資本の増加全てが禁止されているわけではない。一般的に、イスラム金融とイスラム銀行では、リバー、ガラール、マイシールが生じる取引を扱うことはできない。そして金融商品の対象物はイスラムの考えにおいてハラール（許されたもの）でなければいけない。資金を集める目的で発行された投資案件や商品はシャーリア適格、つまりシャーリアの原則に準じていなければならないのである。

シャーリアの目的

イスラム金融とイスラム銀行はシャーリアの原則を守る必要があるわけだが、シャーリアの原則や法律自体にも目的があり、その目的はマカシドと言われる。マカシドという言葉は、イスラム法の目的を意味するアラビア語に由来している。通常、シャーリアのマカシドは個人や共同体が得る利益に焦点が当てられている。法律はその利益を守り、人々が不足ない人生を送るため改善していけるようにデザインされている。その利益は必要性（dharuriyyat）、利便性（hajiyyat）、改善（tahsiniyyat）の三つのカテゴリーに分類することができる。

必要性（dharuriyyat）

通常人々の生活において必需品とみなされるのは、衣食住だろう。しかしシャーリアのマカシドでは、もう少し幅広い人生での必要性を考えている。シャーリアのマカシドでは、人間が存在するためには基本的に5つのものが必要だと考えられている。その5つの基本領域とは
　i．宗教
　ii．生活
　iii．血統
　iv．知性
　v．財産
である。

良い生活や人生を送るためには、これらの基本的必要性が守られなければいけない。神の課すルールは全て、これら基本的必要性を守ることを優先しており、生活と共同体への利益を重視するシャーリアの根本的

な目標とも一致している。

利便性 (hajiyyat)

　シャーリアのマカシドでは、利便性も一つの利益として推奨している。利便性とは、人々が生活の中で直面する困難や制約を乗り越えるために必要なものを指す。これらの利便性がなくても行きていけるが、より大きな困難がつきまとうことになってしまう。例えば住むための家（財産）を必要としており、家の近くには学校やお店が欲しいとしよう。家自体は必要性のあるものとみなされるが、家の場所は日々の活動が便利になるというだけなので、これは利便性であると考えられる。必要性と利便性がかなえられることにより、人生は楽になり、時間の無駄もなくなるのである。

　　（クルアーン　アル・ハッジ章　78節）
　　かれは、あなたがたを選ばれる。この教えは、あなたがたに苦業を押し付けない。

改善 (tahsiniyyat)

　改善というのは単に現状よりも状況を良くすることを指す。人々が生活しやすいようにし、高い水準の道徳や行動規範に常に従うことができるようにする。この価値観を無視すれば人々は道徳や美徳から遠ざかってしまうことになるが、生きていくことが難しくなるというわけではない。例えば、お祈りの際のドレスコード、香水の使用、娯楽活動などである。これらが無くても生きていけないわけではない。

　シャーリアの原則に従うイスラム金融やイスラム銀行システムについて議論する場合は、上述のように必要性、利便性、改善という三つの利益を実現するという目的を認識する必要がある。三つの中でも特に重要なのは必要性であり、これが実現できなければ他の二つも実現が困難になってしまう。

イスラム金融の原則

シャーリアは以下に示す7つの原則によって成り立っている。[1]
1. 利子の代わりに契約後の売買やリスク共有から得られる利益率を実現することにより、金融システムから純粋な形の債券をなくす
2. 事前に利益を固定された負債ではなく、損益を共有する形で銀行の預金を集める
3. 売買の融資や商品・サービスの取引を促進して、実体経済と金融セクターの関係を緊密なものにする
4. 個人や社会の財産権を守り、個人の所有権の基準を明らかにする
5. 契約の遵守や神聖さ、債務返済の義務を求める
6. 業務遂行において倫理観や道徳、公平な取引と公正さを重視する
7. 適切な再分配の仕組を通じて、貧富の間でリスクと報酬を共有することを支持する

イスラム経済と資本主義経済

　資本主義において、産業、貿易、生産の手段の大半は民間が所有しており、利益追求がその根本を成している。中でも中核にあるのは、個人財産、資本蓄積、競争市場、賃金労働などである。資本主義経済は資本と起業の二つを、生産に必要な重要な要素として位置づけている。資本の提供者は利息を手にし、起業家は利益を手にする。利息は固定されているのに対し、利益は土地の使用料、労働に対する賃金、資本への利息を払った後に残ったものを指す。

　資本主義経済は通常、レッセ・フェールと呼ばれる自由市場経済を連想させるだろう。自由市場経済では商品やサービスの価格は需要と供給によって自由に決定される。価格は市場の需要と供給の条件によって決められ、市場の活動は利益を追求している私企業が大半を占めているので、利息を求めるシステムが容認されている。このため、貧富の差が拡大していくことになる。富裕層はお金を必要としている貧困層に対し、直接的もしくは仲介媒体を通じて間接的にお金を貸し付けることになる。融資の過程において、借り入れした金額には利息などのコストが課せられる。このようなケースにおいて、お金はコモディティ化しているため、より高い価格で売買されるということもある。そしてその対価と

して払われるのは、融資に課される利息である。

　資本主義は利息徴収するシステムなどを通じて、裕福な人々に利益がもたらされることが多いシステムだが、我々の日常の大半は資本主義経済から大きな影響を受けている。人が生き延びるためには、お金をつかうということが最重要な手段の一つとして考えられている。にもかかわらず現在流通しているお金の価値は不安定であり、インフレ率と負の相関関係がある。お金は価値を蓄積するために使われると考えられているが、利息はこれと強い関係を持っている。西側諸国の経済学者は、利息はお金の時間的価値という概念から説明しており、この考えが広く知られるようになっている。

　イスラムは決して市場の役割や、民間企業の利益追求を否定しているわけではないが、一定のルールで縛ることが必要であると考えている。また、イスラムでは資本と起業家というものを、生産のために必要な個別の要素としてとらえていない。資本の提供者が利益を受け取るためには、損失をかぶるというリスクを取らなければならず、それによって初めて実際の利益の一部を受け取る権利を得るのである。資本提供者は損失のリスクを背負うことによって、間接的に起業家としての役割を果たすことになる。これによって間違いなく能動的な参加者となることになるのである。

　資本主義経済とは違い、イスラム経済はシャーリアの原則によって導かれており、シャーリアの原則はクルアーンとスンナにもとづいている。バランスの維持、公正な分配、平等な機会などを確保する上で、リバー（利息）、賭博、空売り、投機などはマイナスの影響が累積していくと考えられているため、神聖な法律によって制限されているのである。

　なかでも利息の禁止は、イスラム経済において中心となる原則である。利息の禁止の核となっているのは、利息は悪いものであり、貧富の格差を拡大することになるという考えである。このため、現行の通常システムに変わるものとして、利息のない金融や銀行システム、および株主資本中心の金融システムが推奨されているのである。しかし利息を廃止するからと言って、銀行や金融機関が無償のサービスを提供する慈善団体とするべきというわけではなく、報酬は依然として支払われる。ただ、

これらの報酬がイスラムで認められた原則によって制約されるということである。

マレーシアにおけるイスラム金融と銀行

イスラム金融は世界の金融市場で重要な役割を果たすようになっている。世界中のイスラム金融が持つ総資産は2014年第3四半期までに2兆ドルを超えると考えられている（マレーシア国際イスラム金融センター MIFC Insight Report 2014）。この業界が過去10年で実現した成長率は平均して15%から20%に登っている。75カ国で300を超える金融機関が誕生しており、金融市場の中でも世界で最も急速に成長している分野になっている（MIFC）。イスラム金融システムは世界経済のおよそ4%を占めるようになると予測されている。

イスラム金融と銀行はイスラムのルールと指針に基づいて発展した金融システムである。既知の通り、金融とは資金の源泉を取り扱うものであり、銀行の主な業務は預金活動と融資活動である。イスラムに従った場合、資金源泉の確保はシャーリアに準拠した証券、スクーク、イスラム不動産投資信託（REIT）、イスラム上場投信、ユニット投資信託などイスラム金融商品が充実することによって可能になったものであり、これらの商品はマレーシアのイスラム金融市場で売買されるようになっている。

マレーシアでは1963年に設立されたピルグリムズ・ファンドがイスラム金融の走りである。イスラム銀行システムはイスラム銀行法の施行により公式に始まり、1983年にはイスラム銀行（Bank Islam (M) Bhd）を設立、1984年にはタカフル法が施行された。マレーシアは国内のイスラム銀行システムを強化するため、1993年にSPTF（無利息銀行スキーム）向けガイドライン、イスラム銀行窓口、イスラム銀行間資金市場（IIMM）を、1997年にはシャーリア諮問評議会（SAC）を、1999年にはふたつ目のイスラム銀行となるムアマラット銀行を開いた。また、2004年には通常の銀行に対してもイスラム金融子会社の全面展開を促し、2006年にはマレーシア国際金融センター（MIFC）を設立し、イスラム銀行システムは更に強化された。マレーシアは世界で初めて、現行の銀行システムと並立する形でイスラム金融システムを全面的に推し進

めた国となったのである。

イスラム資本市場において、マレーシアは世界で最大のスクーク（イスラム債）市場となっている。1990年にスクークが初めて発行されて以来、マレーシアは最先端のイスラム金融センターと見られており、現在の総資産は1兆ドルに登ると見られている。イスラム金融システムを促進する上でマレーシアが果たしてきた役割は目覚ましい物があり、2009年第3回ロンドンスクークサミット優秀賞において、「最優秀イスラム金融センター」にも選ばれている。

世界のイスラム金融とイスラム銀行

イスラム金融サービスを金融システムの一部として提供する国は次第に増えてきている。インドネシアではイスラム銀行セクターとイスラム資本市場が成長している。インドは2013年からイスラム金融製品とサービスを投入し始めている。[2] インドがイスラム金融を進めようとしている中で、ムンバイ証券取引所はイスラム株式市場指数を初めて導入し、シャーリアの原則を実施するノンバンクの金融機関にライセンスを供与するなどの取り組みを行っている。

シンガポールも金融市場の中にイスラム金融を組み入れる取り組みを行っている。イスラム金融に関するシンガポールの実績には以下の様なものがある。[3]

　ⅰ．イスラム金融分野のトップ15カ国のうち、シンガポールは唯一非ムスリム国である。
　ⅱ．シンガポールにあるイスラム資産のうち40％はシンガポールの資産運用会社によって運用されている。
　ⅲ．15の銀行がイスラム銀行サービスを提供している。
　ⅳ．2014年半ばまでに、シンガポールはおよそ30のスクーク債を発行している。

アメリカは世界最大の流動金融資産を持っているが、イスラム金融も取り入れている。表1.1はアメリカ国内の起業が発行したスクーク債の例を幾つか記す。

表 1.1　アメリカに拠点を置く企業によるスクーク債発行例 [4]

発行者	日付	金額 (100万ドル)	セクター	ストラクチャー	償還期限 (年)
GE Capital	2009年11月	500	金融サービス	イジャーラ	5
Goldman Sachs	2014年9月	500	金融サービス	ワカラ	5
International Finance Facility for Immunization	2014年11月	500	金融サービス	ムラバハ	3

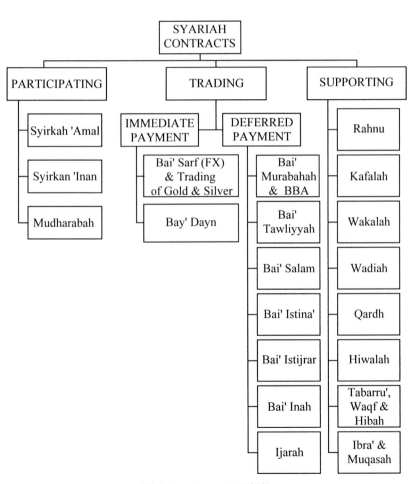

図 1.2　シャーリア契約

イスラム金融とイスラム銀行の形態

イスラム銀行や金融機関が行っているイスラム金融および銀行業にはいくつかの形態がある。しかしこれらの金融形態は厳格に言って利息の代替としているわけではなく、利息と全く同じように構成されていると考えるのは間違いであり、シャーリアで認められている独自の哲学、原則、条件を基礎としている。これらの金融形態やシャーリア契約の目的は、参加、取引、補助の三つに分けられる事ができる。これらの目的はそれぞれ事業を支えるために独自の契約で構成されている。図1.2は市場で使われているシャーリア契約を示したものである。

イスラム金融で最も重要な要素の一つは、資産による裏付けであり、主に金銭的な価値を持つ紙切れを扱う従来の金融ではこの考えが取り込まれていなかった。イスラムではお金は交換に使われる媒体に過ぎず、それ自体が取引の対象となるものではない。このため、イスラム金融では常に実物資産のみに基づいて行われているのである。イスラム金融と銀行の主な形態には、ムシャーラカ、ムダラバ、ムラバハ、イジャーラなどがある。

ムシャーラカ取引（ジョイント・ベンチャー）

ムシャーラカ（ジョイント・ベンチャー、パートナーシップ）とは、イスラム金融の一つの契約である。ムシャーラカは二者以上の関係者がパートナーシップやジョイント・ベンチャーを通じ、新規もしくは既存のプロジェクトに対して、資金を均等またはそれぞれの配分に応じて拠出することに合意するというものである。言い換えれば、ムシャーラカとは「共有する」ということであろう。相互契約を通じて関係者が構築する関係性であるとも言える。

資金の提供者は皆経営に参画することが認められているのだが、参加しないということを選ぶこともできる。利益は関係者間で合意した割合に応じて分配されるが、各パートナーが拠出した資金と同じ割合で分配されるとは限らない。あるパートナーが受け取る金額を固定するということも認められていない。もし受け取る割合について合意・決定することができなければ、契約自体が無効になる。ただし、発生した損失につ

いては、拠出した金額の割合に応じて各パートナーが負担することになる。つまり総資本のうち30％を提供したパートナーは、30％の損失を被らなければいけないということになる。要するに、利益の分配は関係者の合意によって定められ、損失の負担は投資金の割合によって決められるということである。下の図はムシャーラカ契約における資金の流れである。

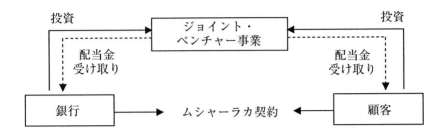

1. 銀行と顧客はムシャーラカ契約（ジョイント・ベンチャー契約）を結ぶ
2. 関係者はジョイント・ベンチャーに対し規定の割合に応じた資金を拠出する
3. 資金の提供者は経営陣として参加することが認められる
4. 資金の提供者は事前に合意した割合に応じて実際の利益の一部を配当金として受け取る
5. しかし発生した損失は拠出した資金の割合に応じて負担する

ムダラバ取引（利益分配）

　ムダラバは信頼に基づいた融資契約であり、投資家と起業家という二者間での利益分配の合意である。投資家は起業家に対して資金を供給し、事前に合意した割合に応じて投資のリターンを受けると言う仕組みである。投資のリターンは固定金額や資本の割当で決めることができないが、双方の合意があれば将来的に利益分配の割合を変更することも可能である。この例において、銀行は起業家になることも、資金提供者になることも可能である。資金提供者が提供する資金は現金でも資産でもかまわないが、負債を受け付けることはできず、労働力はムダリブ（事業家）という第三者が提供することになる。ムダラバは信頼に基づいた契約であるため、ムダリブは契約違反や不正行為以外で発生する損失について

責任を負う必要がなく、発生した損失は資金提供者が負うことになる。また、ムダラバの仕組は双方が合意して契約に明記されている関係者のみに制限されるのかどうかも規定するべきである。以下の図は、ムダラバ契約の資金の流れを示している。

1. 銀行と顧客はムダラバ契約によるビジネス事業に参入する
2. 銀行もしくは顧客は投資家または起業家になる（一方が投資家になり、他方が起業家になる）
3. 投資家はプロジェクトに対して資金を提供し、起業家は専門知識を持ち寄り経営を取り仕切る
4. 投資家は合意された利益分配率に基づき配当を受け取る
5. 損失は資金提供者が負担する

ムラバハ取引（コスト・プラス）

ムラバハは文字通りの解釈をすると、相互合意の利益に基づいた販売を意味し、販売者がコストと利益を事前に公表する販売契約である。販売者は資産の実際のコストと利益幅を販売契約締結の時点で知らせなければいけない。この金融形態は、顧客が銀行に資産の買い取りを求めるという状況において、イスラム銀行が採用したものであり、大きな金額の商品買取りなどにおいて非常に広く使われているイスラム金融の契約である。この契約は、銀行が顧客に貸し出すお金の遅延支払いに利息を課していないので、シャーリアに準じたものであると考えられている。利益分配契約だと支払いが確定していないのに対して、ムラバハ契約だと上乗せ価格が固定されているので、銀行はムラバハ契約を好むことが多い。

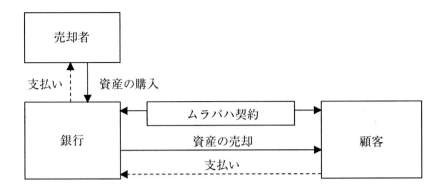

1. 顧客と銀行はムラバハ契約を締結する
2. 銀行は顧客の代理として、販売者から資産を買い取る
3. 銀行は資産の価格を販売者に対して支払う
4. 銀行は資産を顧客に対して売却する
5. 顧客は銀行に対して、通常は分割で支払を行う

イジャーラ取引

　イジャーラは資産を借りた貸出料、人を雇用した賃金など、資産を一定期間使用した対価を受け取る権利の所有として定義されている。金融機関は通常、賃貸人または賃借人としてこのイジャーラ契約を利用する。契約が有効になるためには、まず資産の使用権が賃貸人から与えられなければ行けない。契約は他方の同意がなければ、終了することも内容を変更することもできない。イジャーラ契約の期間は契約内に明記される。下の図はイジャーラ契約の取引を示している。

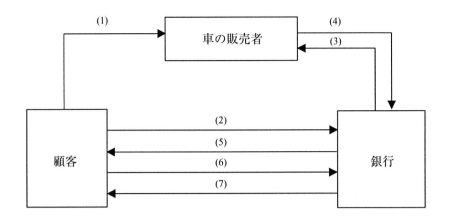

1. 顧客（賃借人）は購入したい車を選ぶ
2. 顧客は車についてイジャーラ契約を結びたいと銀行に要請する
3. 銀行（賃貸人）は販売者に対して車の代金を支払う
4. 販売者は車の所有権を銀行に譲渡する
5. 銀行は顧客に対し車をリースする
6. 顧客は合意した期間、イジャーラの賃借料を支払う
7. リース期間が終わった時点で、銀行は車の所有権を顧客に譲渡する

2 利率を理解する

　従来の金融において利子とは金融システムにとって欠かせない最重要な要素であり、これまでの金融や銀行業から切り離すことができない存在といえるだろう。金利は資本や資金に対して掛けられるコストとして理解されることが多いが、それだけにとどまらず、提案されている投資を評価するために必須の要素であると同時に、価格決定にも大きな役割を果たしているといえる。しかし金融商品は一つ一つリスクが異なるため、金利をどのようにして適用しているのかも商品によって異なる。また、金融商品がいつ償還されるかということも、金利を決定する上で重要である。利率とは名前の通り、借りている資金に課せられる利息の率である。

お金の時間的価値

　従来の金融において、お金の時間的価値は重要な概念の一つである。お金の時間的価値は投資対象資産の価値を測る上で時間が不可欠である点を明確に規定しており、現在における価値と未来における価値というのは同一ではない。価値の変化は利子や割引率によって影響を受ける。利率がない場合には、お金の時間的価値と言う考えは適用されず、ここから考えれば従来の金融における利率が重要というのが明らかだろう。これらの価値は以下の式にあらわされる。

$$PV = \frac{CF}{(1+i)^t}$$

$$FV = CF(1+i)^t$$

　PVは現在価値、FVは将来価値、CFはキャッシュフロー、iは利率、tは時間を表す。従来の金融ではiがなければ価値を決定することが困難であり、実際にはiが変動するため、価値というのも変化していくと考えられる。この点を説明する最も有名な例は債券のバリュエーション

だろう。債券の価格は利払い、額面価格、利率、支払期日により決定され、利率の変動は特に大きな影響を与える。債券の価格を計算する際に、利率は割引率として使用されている。利率と債券価格は負の相関関係にある。

期待価格と利率

利率は、たとえば債券価格や為替レートなどの価格に影響を与えるとして知られている。前述したように、利率は割引率として債券の価格に影響を与えている。債券の価格と利率の関係は以下の式で説明される。

$$V_B = \sum_{t=1}^{n} \frac{CF}{(1+i)^t} + \frac{M}{(1+i)^n}$$

V_B は債券価格、CF はキャッシュフロー（利払い）、i は利率、M は満期時の価格（額面）、t は時間、n は償還期日を表す。利率は分母にあることから分かる通り、債券価格とは負の関係にあり、利率が高ければ債券価格は低く、利率が低ければ債券価格は高くなる。

利率が為替に与える影響は金利平価説で説明することができる。金利平価説とは、二国間の金利の差は先物価格と現物価格の差に等しくなるというものである。この理論は金利、現物相場価格、先物相場価格の関係性を示しており、外国為替市場においてはとても重要な役割を果たしている。

$$F_n = S \times \frac{(1+i_{home})}{(1+i_{abroad})}$$

F は先物相場価格（forward exchange rate）、S は現物相場価格（spot exchange rate）、i は国内と国外の金利をそれぞれ現している。国内であろうと国外であろうと、金利が上下すれば為替も変動する。

また、価格の決定に利率を利用するのは社債や為替に限られたことではなく、プロジェクトの価値を判断する際にも使われる。例えば、投資

計画の価値を算定するために使われる手法として、正味現在価値（NPV）や内部収益率（IRR）というものがあるが、公式の中で金利が利用されており、お金の時間的価値と言う考えが取り入れられていることがわかる。その関係は以下の式で表される。

$$NPV = \sum_{t=1}^{n} \frac{CF}{(1+i)^t} - Initial\ Investment$$

$$NPV = \sum_{t=1}^{n} \frac{CF}{(1+IRR)^t} - Initial\ Investment = 0$$

金利とNPVは負の関係にあり、IRRは最大の金利、もしくはNPVがマイナスになるまでに企業が負担できる最大の資本コストである。

金利の期間構造

金利は変動し、その変動は資産の価値に影響を与えるため、資産のリスクや満期（残存期間）などの要素が変動に影響を与えるはずである。例えば債券をはじめとする資産の満期までの残存期間は、債券の利回りの動きに重大な役割を果たしている。リスクが大きくなれば利率は大きくなるのである。ただし利回りと満期は常に正の関係にあるとは限らない。この関係は通常、金利の期間構造として説明される。

金利の期間構造とは、利回りと満期までの残存期間の関係が右上がり、右下がり、平坦になる可能性があることを示している。右上がり構造になる場合、利回りと残存期間が正の関係にあり、残存期間が長いほど利回りが増加するということであり、これが金利の期間構造の正常な状態である。逆に右下がりの構造だと、利回りと残存期間が負の関係、つまり残存期間が長いほど利回りが下がるということを示しており、これは正常でない状態であると考えられている。一方、平坦な構造だと、利回りと残存期間が独立した関係にあることを現している。図2.1は金利の期間構造を示している。利回りと残存期間の関係についての金利の期間構造を説明するために通常使われている理論は(1)純粋期待仮説、(2)市

場分断仮説、(3) 流動性プレミアム仮説の三つがある。

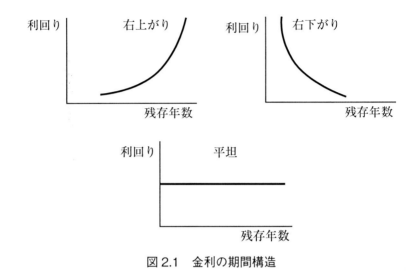

図2.1　金利の期間構造

純粋期待仮説

　純粋期待仮説は、長期国債の償還期間中に受ける金利は平均すると短期国債と同等になるというものである。例えば短期国債の今後三年間の金利が平均して8パーセントになると想定されるケースを考えてみよう。この場合、償還期限一年で金利8パーセントの社債三口は、償還期限三年で金利8パーセントの社債一口の完全代替物であると考えられる。純粋期待仮説によれば、利回り曲線（イールド・カーブ）が右上がりである場合、短期金利が今後上がっていく、つまり将来の短期金利は現在の短期金利よりも高くなると考えられているということを現している。イールド・カーブが右下がりである場合、将来の短期金利は現在の短期金利よりも低くなると考えられているということであり、曲線が平坦である場合、短期金利は現在も将来も変わらないことを示していることになる。

市場分断仮説

　市場分断仮説では、償還期限の違う債券をそれぞれ完全に分断され、独立した市場であると考える。債券の金利はその債権自体の需要と供給

で決定されるというものである。このため純粋期待仮説とは異なり、償還期限の違う社債はそれぞれお互いの代替物には成り得ないことになる。市場分断仮説では長期金利の需要は短期金利の需要よりも低いため、イールド・カーブは通常右上がりになるはずである。よって、長期債券の価格は低く金利は高くなる。

流動性プレミアム仮説

　流動性プレミアム仮説とは、長期債券の金利は平均すると、短期金利に流動性プレミアムを加えた値と等しくなるという主張である。償還期限の異なる債券はそれぞれ代替物ではあるが、完全代替物には成り得ない。投資家はリスクが低い分短期債券を好むものであり、長期債券購入を促すには流動性プレミアムを加える事になる。流動性プレミアムのイールド・カーブは常に純粋期待仮説のものよりも高いため、イールド・カーブの傾きは更に右上がりになる。

景気循環における金利変動

　イールド・カーブの傾きは、将来の経済成長、インフレ、不況を予測するために必要な最も信頼性の高い指標の一つであると考えられているため重要である。右上がりのイールド・カーブはインフレ率の上昇を、右下がりであれば不況を示すと考えられている。

　Estrella and Mishkin（1998）ではアメリカの不況を予測するため、様々な金融変数のアウト・オブ・サンプル検証を行った。この検証結果によると、株価に加えて、イールド・カーブも不況を示す重要な指標の一つであるということを示していた。イールド・カーブは銀行のバランス・シートを通じて景気循環に影響を与えているのである。右下がりのイールド・カーブが発生するということは、銀行は長期ローンで受け取る金利よりも、短期預金で支払う金額の方が大きくなるということである。これにより銀行の収益率は下がり、信用収縮が起きることになる。その一方で、イールド・カーブが右上がりの場合、銀行は短期預金をとって長期ローンで貸し出すことにより利益を得ることができるということである。ローンを喜んで貸し出していくことにより、信用バブルが発生することになる。

金利のリスク構造

金利に最も大きな影響を与えるリスクは、債務不履行だろう。債務不履行とは債券の発行者または資金の借り手が金利や額面価格の支払いを履行できないリスクである。また、債券発行者の債務不履行リスクはレーティングにも反映されることになる。不履行のリスクが大きければ債券に与えられるレーティングは低くなり、それに応じて債券に課される金利も高くなる。表2.1はムーディーズとスタンダード＆プアーズのレーティングに基づいて作られたレーティング指標の一部である。

表2.1　債券のレーティング

	ムーディーズ	S&P
最高水準	Aaa	AAA
高水準	Aa1	AA+
	Aa2	AA
	Aa3	AA-
上位水準	A1	A+
	A2	A
	A3	A-

債券は債務不履行リスクの他にも、流動性リスクによって査定される。流動性リスクとは、債券の保有者が満期前に債券を売却できる可能性のことであり、債券売却が難しいほど流動性リスクは高いということになる。通常、長期債券は需要が低いため、流動性リスクが高くなると考えられている。このため、売却価格は安くなり、金利が高くなる。

銀行の観点から貸出を見ると、貸出を行うことによって銀行は債務不履行リスクに自身を晒すことになる。このため、借り手にローン貸出を決定するまでに、借り手のローン返済能力を審査することになる。この審査の基準に基づいて、ローンのリスクを査定し、銀行が借り手に課す金利を決定することになる。

マレーシアの金利

マレーシアは従来の金融システムとイスラム金融システムの二つを合わせたハイブリッド金融システムを採用しているため、従来的な視点と

イスラム的な視点から見た二つのレーティングを行っている。図2.2は、2015年12月のマレーシアにおけるイスラム銀行および従来の銀行のインターバンクの翌日金利を示したものである。イスラム銀行の翌日金利が比較的安定しているのに対して、従来の銀行の翌日金利が大きく変動しているのがわかるだろう。翌日金利のボラティリティを見れば、その金融商品のリスクの高さは判断できるだろう。ただし、イスラム金融におけるレートの方が従来の銀行のものよりも高い時期があるということも否定出来ない事実である。

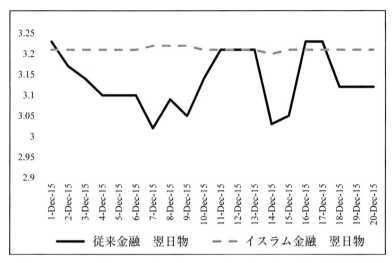

図2.2　マレーシアにおけるインターバンクのオーバーナイト金利

　従来の金融システムでは金利は景気サイクルの多くの面に影響を与えてきた。従来の金融システムはお金の時間的価値を重視しており、このため金利が広く利用されてきた。お金の時間的価値という考え方は、さまざまな要因による金利の変動が物の価値を変化させると仮定している。このため、金利とは価値に影響を与える最も重要なものの一つだと考えられている。また、イールド・カーブが示しているように、金利は単にインフレや不景気の指標というだけでなく、貸出業務を通じて景気に影響を与えるものであることも判明している。

3 イスラムから見たリバー

金利というものは、従来の金融と切っても切り離せない関係である。従来の金融において金利は最重要の要素と言っても良い。しかしイスラムにおいてはあらゆる形態での金利が禁止されている。イスラム銀行と金融ではイスラム法に導かれたシャーリアに従うことが求められており、金利を適用することはあらゆる銀行活動や金融取引において禁止されている。

リバーの意味

リバーは単に利子や高利のことを意味する。アラビア語でリバーという言葉は高利、追加、過剰、増加、増大、成長の意味を持つ。シャーリアの観点から見ると、リバーとは規模の大小を問わず、借り手がローンまたは貸付金満期の延長を求めた際、貸し手に対して元金を超えて支払う、規定かつ条件付きの余剰金額を指す。

例えばあなたが友人に100リンギット貸し、二週間後までに110リンギットを返済するという取り決めを交わしたとしよう。この場合、元金はあなたが友人に貸した100リンギットで、あとの10リンギットは元金に加えて支払いが求められている金であり、利子ということになる。借り手はもともと借りた金額以上の返済が必要であり、利子というのは、借り手がお金を借りたことに対して支払いが必要なコストであると考えられている。つまり利子は借り手が負うべき負担ということができる。

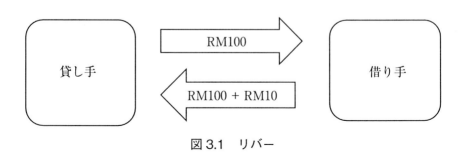

図3.1　リバー

この場合、貸し手は追加的に何か努力をしたわけではなく、生産的なこともせずに利子を手に入れることになる。要するに、頑張って生産性を上げたからお金を多くもらうというわけではないのである。

リバーの禁止

　イスラムはクルアーンとスンナの教えを通じて、いかなる目的であってもリバーの使用を禁止している。リバーを禁止するということはつまり、ローンを貸し出した際に返済を待つ報酬として、元金の一定割合もしくは変動割合を受け取るということが、シャーリアによって認められていないということである。前金もしくは満期返済、贈り物や商品、サービスの形で受け取るということも許されていない。返済や支払に関してのリバーの禁止はムスリム・非ムスリムを問わず、全ての人に適用されるものである。

　イスラムではお金の売買を認めていない。お金は商品とは異なり、購入したり販売することが許されていないのである。お金が売買されればその価格にはリバー、つまり利子が反映されることになる。ではなぜお金の売買が認められていないのか？リバーやお金の売買が禁止されているのには、以下のようにいくつかの理由が挙げられる。

1. リバーは不正を生み出す
　借金をするということは、その人が困難に遭っているということを意味する。その人に対して利子を課すということは、貸し手は借り手に対してさらなる負荷を課しているということであり、これは正しくないと考えられる。

2. リバーは社会を腐敗させる
　イスラムは公益を重視するが、リバーは公益を反映させておらず、単に貸し手が利益を受けるのみである。他人を犠牲にして一部の人だけが利益を受けるというのは、社会を腐敗させることにしかならない。これでは他者を思いやり愛情に満ちた社会は生まれて来ないだろう。貧富の差が拡大するのみである。

3. リバーは財産を不当に配分することにつながる

お金は一部の人のみに利益をもたらし、これらの人はもともと裕福であるため、妥当な配分がなされていないということを意味する。

4. リバーは経済のマイナス成長につながる

リバーはお金の生産的な利用に繋がっていない。リバーが過剰な支払を課すことにより、借り手の消費活動は縮小し、モノやサービスの需要が下がることになる。結果として、経済成長に対してはマイナスの影響が与えられる。

5. リバーは人格を損なわせる

困窮している借り手が借金をするのに過剰なお金を請求することは、その人のイメージも損ねることになる。

Abu al-A'la Mawdudi（Galston & Hoffenberg, 2010, p.199 より引用）は「高利（利子）は人々のなかに貪欲さ、身勝手さ、冷淡さ、非人道性、拝金主義を生み出す。社会において富が自由に行き渡ることを妨げ貧者から裕福なものにお金が流れるようになってしまう」と著している。リバー、

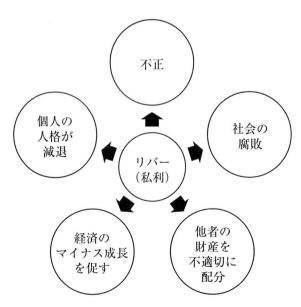

図3.2　リバーがもたらすマイナスの影響

つまり利子の禁止はこの言葉を見れば明らかだろう。クルアーンにおいて、アッラーが利子や高利を禁止しているのは、これが理由となっている。

(クルアーン　アル・バカラ章275節)
利息を貪る者は、悪魔に取り憑かれて倒れたものがするような起き方しか出来ないであろう。それはかれらが「商売は利息をとるようなものだ。」と言うからである。しかしアッラーは、商売を許し、利息（高利）を禁じておられる。それで主から訓戒が下った後、止める者は、過去のことは許されよう。かれのことは、アッラー（の御手の中）にある。だが（その非を）繰り返す者は、業火の住人で、かれらは永遠にその中に住むのである

リバーと利益の区別

イスラムではお金の売買は認めないが、モノの売買は認められている。商品を購入し売却することは許されており、それぞれに価格がある。しかし、イスラムではお金が価格を持つということが認められていないのであり、もしお金に価格があるとすれば、それが利子ということである。図3.3に示す通り、モノの売買はイスラムが重視する公益を促進するこ

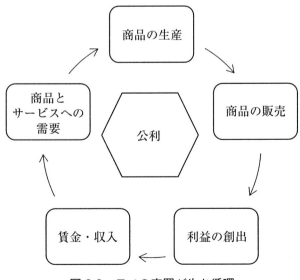

図3.3　モノの売買が生む循環

とになる。図が示しているのは、モノの売買が生産的な活動を促進し、循環が続いていく様子である。モノが生産・販売され、そこから生まれた利益の一部は給料として労働者に対して支払われる。人々がモノやサービスを購入することにより需要が生まれ、更に多くのモノやサービスが生まれてくることになり、また循環が生まれるのである。また、生まれた利益は資本に回して、生産の拡大に利用することもできる。イスラムでは起業家はザカットを支払うことが求められている。[5] このザカットは社会の発展に使われることになる。リバーを認めると一部の人（私益）にしか利することはないが、モノの売買は社会に利するのである。

リバーの分類

リバーはいくつかのタイプに分類することができる（図3.4を参照）。一般的に言ってリバーには、販売（モノの売買・交換）から生じるリバー・アル・ブユ、負債（金銭の貸し借り）から生じるリバー・アル・ダインがあり、リバー・アル・ブユは更にリバー・アル・ファドルとリバー・アル・ナシアに分けることができる。リバー・アル・ファドルは剰余のリバーと言われ、金、銀、ナツメヤシ、レーズン、小麦、お麦、その他類似品に対して通常適用され、商品が異なる重さ、大きさ、数量で交換される際に課されるものである。リバー・アル・ナシアは債権者がローンを貸出し、元金に加えて毎月の利息を課す場合に生じるものである。この利息は時間を追うごとに増加していく。また、リバー・アル・ナシアは商品の納品と代金支払に時間的なズレがあるときに支払われるものでもある。

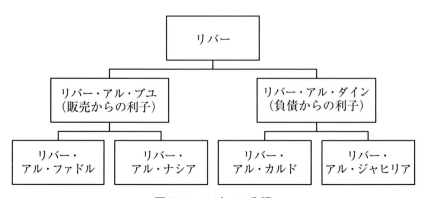

図3.4　リバーの分類

一方、リバー・アル・ダインもリバー・アル・カルドとリバー・アル・ジャヒリヤに分けることができる。リバー・アル・カルドは、負債に対するリバーなので、貸借関係により生じるものであり、ローン契約の開始時点から課されることになる。貸し付けられたローンに対する利息ということである。リバー・アル・ジャヒリヤもローンに対するリバーなのだが、ローン契約が反故にされた時点、もしくは前の借金が繰り延べされた時点、つまり債務不履行となった際に課されるリバーである。図3.4はさまざまな種類のリバーを示している。

従来の銀行業ではいくつかの形でリバーは存在しうる。
 ⅰ．負債：一定かつ保証された利益を約束した形での預金者からの借入
 ⅱ．資産：利息支払を前提とした融資
 ⅲ．財務：融資および借入

ガラール

イスラム銀行・金融においてはリバーに加えてガラールも禁止されている。ガラールとは不明の事実や不確実性を示している。アラビア語のガラール（gharar）とは直訳すると破壊や損失に繋がる恐れのある詐欺、リスク、不正、不確実性、危険を意味する。一方の利益が他方の犠牲によって成り立っている際に見られるものである。商品の種類や数量、納品の日程について不適切な情報や不正確な情報を与えた際にはガラールになる可能性がある。

例えば預言者ムハンマドは動物がまだ母親の子宮におり生まれていない状態での購入、搾乳・計量されていない乳の販売、分配前の戦利品の

図3.5　ガラールの種類

購入、施し物を受け取る前の購入、漁師の収穫の購入などを禁じている。従来の金融においては、利子の差によって金利が事前に決められていたり、オプションの行使が未定だったりする場合があるため、先渡取引、先物取引、オプションといったデリバティブ取引でガラールが見受けられる。

具体的には、ガラールは三つのカテゴリーに分けられる。
1. ガラール・ヤシール：軽微なガラール
2. ガラール・ファヒッシュ：重大・過度なガラール
3. 不可避なガラール

ガラール・ヤシールは軽微なガラールなので許されており、契約が無効になるということはない。ガラール・ファヒッシュは重大・過度なガラールであり、大きな不確実性が存在するため、商品を査定することはできず、契約が不明瞭な状態になる。この三つの中で契約が無効になるものはガラール・ファヒッシュである。資産や財産が存在しない場合、価格が直接的に明示されていない場合などは、重大なガラールになりうる。イスラム金融においては、資産の将来的な引き渡しが不透明であるため、ほとんどのデリバティブ契約が禁止されており、無効とみなされる。

契約の関係者が完全に合意して満足を得るためには、十分な情報開示と透明性を確保し、契約当事者双方が取引商品の対価について完全な情報が必要であり、それを保証するためにガラールが禁止されているのである。加えて、ガラールの禁止は、商取引において生じうる予想外の損失や品質についての意見の相違、情報の不完全性から保護するという意味もある。

（クルアーン　アル・ニーサ章29節）
信仰するものよ。あなたがたの財産を、不正にあなたがたの間で浪費してはならない。だがお互いの善意による、商売上の場合は別である。

マイシール

　ガラールの他にも、マイシール（賭博）もイスラム銀行・金融において認められていない。マイシール(maisir)とはアラビア語のイシール（容易）に由来しており、大きな報酬の獲得を求めて失敗した際に犠牲にしなければいけないものや賭け事を意味する。マイシールのわかり易い例が宝くじだろう。マイシールによって手に入れたお金は手軽な獲得物であり、技術や労働力を必要とするものではない。投機も通常は禁止されているのだが、賭博とは違い認められると主張する法学者も一部にはいる。

　マイシールは従来の保険の形態としても存在している。例えば被保険者の中に少額の保険料を払うことで、事故や不治の障害に対してより大きな請求をして取り戻したり、保険対象の損失が発生しないことで保険料が無駄になったりすることが生じる。これはどちらの状況においても、一方が得をして、もう一方は損をしていることになる。

　マイシールがイスラムで禁止されているのは、ただの偶然ではなく、労働と努力（カスブ）、つまり運ではなく知識によってお金を稼ぐべきだという考えからである。クルアーンには以下の様な一節がある。

>　（クルアーン　アル・バカラ章219節）
>　かれらは酒と、賭矢に就いてあなたに問うであろう。言ってやるがいい。「それらは大きな罪であるが、人間のために（多少の）益もある。だがその罪は、益よりも大である。」

　イスラム金融・銀行ではリバー、ガラール、マイシールが明確に強く禁止されている。これらの禁止の根本にあるのは、これらによって悪い結果がもたらされる可能性がある、と信じられているからである。これを実行することもまた、シャーリアの教えに背くものである。

4　イスラム金融市場

　イスラム金融市場にはイスラム短期金融市場（Islamic Money Market）とイスラム長期金融市場（Islamic Capital Market: ICM）とがある。これら市場の金融商品は、リバーやガラール、マイシール、社会に害悪な非ハラール活動を禁じたイスラムによるシャーリアの原則に反しない取引条件や条項を備えている。図 4.1 はイスラム金融市場の一般的な図式である。

イスラム短期金融市場

　イスラム短期金融市場は、短期間のお金の需給関係を扱う市場である。イスラム短期金融市場における最も一般的な金融サービスは、イスラム銀行とイスラム保険（タカフル）だろう。これらの金融活動は、主に資金の余剰がある市場と資金が不足している市場での取引を扱うものである。銀行業とタカフル以外にも、イスラム短期金融市場は償還まで一年以下のイスラム短期証券の取引も扱っている。

　マレーシアでイスラム短期金融市場に参加しているバンク・ネガラ・マレーシア（BNM）は、イスラム銀行間市場が効率的に機能するよう充分な流動性を確保することが主な目的である。BNM はシャーリアに従っ

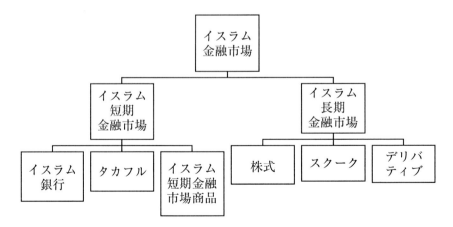

図 4.1　イスラム金融市場の構造

た金融手段を使ってイスラム銀行間市場の流動性に影響を与えている。

イスラム銀行業務

初めてのイスラム銀行が設立されたのは1963年のエジプトで、Ahmad El Najjarが主導して実現した（Read 1981）。国営銀行に対する信認が十分で無かったため、このイスラム銀行の設立につながった。この後、イスラム銀行は年間15%から20%という速さで急速に発展していった（Kunhibava, 2012）。現在では全世界75カ国でおよそ300にのぼるイスラム金融機関が存在している。

イスラム銀行システムはシャーリア法に基づいて運営されているが、関係者間の相互リスクと利益分配、すべてのビジネス取引や資産管理における公正さの保証がその原則となっている。イスラム銀行のビジネス活動や運営は全てシャーリアの原則に従い、リバー、マイシール、ガラール、非ハラール活動を禁止している。図4.2は従来の銀行業とイスラム銀行業における銀行と顧客の関係性を説明している。

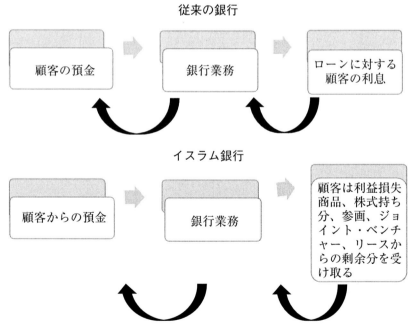

図4.2　従来の銀行およびイスラム銀行における銀行と顧客の関係

マレーシアではイスラム銀行セクターにおいて多額の決済をする場合は、BNM に独立したシステムで管理されているイスラム当座預金口座で処理されることになる。これは、従来の銀行とイスラム銀行の間における資金を決済段階で分けることにより、イスラム銀行業務がシャーリアに準じていることを保証するためである。しかし第三者は従来の銀行・イスラム銀行双方のシステムで支払をしていること、そして従来の銀行がイスラム銀行サービスにも参加していることから、どちらのシステムであっても、その流動性は連動しているものとなる。

イスラム保険（タカフル）

イスラム保険は広くタカフルと言う名前で知られているが、これはアラビア語で相互の「保証」という意味である。タカフルはムスリム共同体における結束と相互協力を促進することが目的となっている。タカフルはターウィン（相互扶助）とタバル（贈り物、寄付）の原則に基づいて運営されており、リバー、マイシール、ガラールといった要素はすべて取り除かれている。タカフルのリスクは参加している共同体全体で共有され、損失や損害に対しても契約に従い自主的に保証することに合意している。世界初のタカフル会社はイスラミック・インシュランス・カンパニー・オブ・スーダンで、1979 年にスーダンで設立された。現在ではマレーシアにも数多くのタカフル会社が存在しており、その一部は本書の最後に記載しておく。

イスラム短期金融市場商品

イスラム銀行間資金市場で取り扱われる金融製品の種類を、マレーシアを中心に挙げていくと以下のようになる。[6]

1. ムダラバ銀行間投資（MII）

MII とはムダラバ（利益分配）契約を通じて、資金を必要としているイスラム金融機関（被投資銀行）が、余剰資金のあるイスラム金融機関（投資銀行）から投資を受ける形態のことを指す。投資期間は翌日返済から 12 ヶ月までであり、利益分配の割合は当事者間の交渉によって決定される。

2. ワディア預金

　ワディア預金はBNMとイスラム金融機関の間の取引である。これは余剰資金を持つイスラム金融機関がワディアの考えに基づき、BNMにその余剰資金を預ける仕組みのことである。資金の受け手はこの場合BNMになるが、資金を保管する機関となり、その保管機関は預金口座に対して利息を払う義務は生じない。保管機関が支払う配当金は全てヒバー（贈り物）とみなされる。

3. 政府投資証券（GII）

　マレーシアでは1983年に初めてイスラム銀行が営業を開始し、無利息の金融商品に対する需要が深刻になっていった。当時の銀行はマレーシア政府債（MGS）、マレーシア財務省証券（MTB）、その他の利息付き金融商品を購入したり取引することができなかったのである。銀行が法定上の流動性要件を満たし、遊休資金を活用できるようするため、マレーシア議会は1983年に政府投資法を定め、マレーシア政府が無利息証書を発行できるようにした。これが政府投資証書（GIC）と呼ばれるものであり、今では政府投資証券（GII）と名前を変えている。

4. 中央銀行金融手形i（BNMN-i）

　BNMN-iはBNMがイスラム金融市場において流動性を管理するために発行するイスラム証券である。この金融商品はシャーリアの原則に基づいて発行されている。BNMN-iの新規発行は投資家の需要にしたがって、ディスカウントもしくはクーポンの形で行われる。

5. 買戻し契約（SBBA）

　SBBAはイスラム短期金融市場において二者が締結する契約で、SBBA販売者は購入者に対して、合意価格で資産を売却する。そしてすぐに別の契約を締結し、購入者は同じ資産を合意価格において同じ人に買い戻させるというものである。

6. カガマス・ムダラバ債（SMC）

　SMCはカガマス社が1994年3月1日に導入した債券である。これはイスラム式の住宅金融を一般向けに提供する金融機関から、住宅負債の買い上げを融資することが目的である。SMCはムダラバの考えを応用し、債権者とカガマス社は合意した比率で利益を分配するというものである。

7.WI 取引

WI とは、実際に発行される前に債券を売買する取引のことである。売買取引の誓約が許容されていることを根拠に、シャーリア諮問評議会（SAC）は WI 取引を認めている。

8. イスラム型手形（IAB）

イスラム型手形は無利息手形とも言われ、1991 年に導入された。IAB 導入の目的は、マレーシアのトレーダーに対し魅力のあるイスラム金融商品を提供することである。IAB はムダラバ（遅延一括販売、もしくは原価加算）およびバイ・アダイン（負債の売買）というイスラムの原則を採用している。

9. イスラム有価証券（INI）

INI にはイスラム預金性有価証券（INID）、イスラム譲渡性債務証書（NIDC）という二つの金融商品がある。INID はムダラバの考えを取り入れ、イスラム金融機関に預けられた預金であり、明記された日時までに INID の額面価格に加えて指定された配当金額が所有者に払い戻されるものである。NIDC は顧客に対して金融機関の資産を現金で販売し、合意した日時に元金に利益を加えた金額で顧客から買い戻されるというものである。

10. イスラム民間債務証券（IPDS）

IPDS は 1990 年にマレーシアで導入された。現在では IPDS はシャーリア準拠したバイ・ビタマン・アジル、ムラバハ、ムダラバの考えに基づいて発行されている。

11. アーラーヌ契約 I（RA-i）

アーラーヌ契約 I において、借り手がローンを組む際に証券を担保とするというカルド・アル・ハサンの考えに基づき、貸し手は借り手に対してお金を貸す。借り手が約束通りに返済ができなかった場合、貸し手は担保として押さえられている証券を売却し、売却の対価をローンの支払に当てる権利を持っている。剰余金が発生した場合には、貸し手はその分を借り手に返却することになる。

12. スクーク BNM イジャーラ（SBNMI）

スクーク BNM イジャーラとは「販売・リースバック」と言う考えに基いており、中東では広く使われているやり方である。BNM スクーク社はスクーク・イジャーラを発行するために設立され、発行から上がる売上は BNM の資産購入のために使われる。その資産は BNM に対してリースされ、投資家に対しては貸出から上がるレンタル料金を年に 2 回分配する。スクーク・イジャーラの償還時には、BNM スクーク社は事前に決めた金額で BNM に対して資産を売却する。

マレーシアの短期金融市場は、イスラム金融市場の発展とともに大きな変遷を経てきた。表 4.1 は 1955 年から 2014 年までのマレーシア短期金融市場の主な出来事を年表にしたものである。

表 4.1　マレーシア短期金融市場の主な出来事[7]

1955 年	● マレーシア財務省証券（MTB）の発行
1959 年	● バンク・ネガラ・マレーシア（BNM）の設立
1963 年 12 月	● 国内初のディスカウント・ハウス（手形割引業者）設立
1973 年 8 月	● マレーシア財務省証券（MTB）のオークションを毎週実施
1978 年 10 月	● 公定金利の廃止
1979 年 5 月	● 銀行引受手形（BA）と預金制有価証券（NID）の導入
1983 年	● イスラム銀行法の制定 ● 政府投資法の施行 ● 政府投資証券（GII）の導入、バンク・イスラムの設立 ● イスラム銀行システムの 10 カ年戦略プラン ● 商業銀行向け金利決定のシステムとしてベース貸出レート（BLR）の設定
1986 年 12 月	● カガマス社の設立

（次ページに続く）

表4.1　マレーシア短期金融市場の主な出来事（つづき）

年月	出来事
1988年6月	● 変動金利型預金制有価証券（FRNID）の導入
1987年6月	● クアラルンプール銀行間取引金利（KLIBOR）の導入
1989年	● プリンシパル・ディーラーシップ・システム導入
1993年	● 中央銀行証券（BNB）導入 ● 1993年初めまでに計21のイスラム銀行商品がBNMにより承認 ● イスラム銀行スキーム（SPI）の導入
1994年	● イスラム短期金融市場が取引開始。世界初のイスラム短期金融市場として以下のものを提供 　● イスラム金融商品で銀行間取引 　● イスラム銀行間投資 　● イスラム銀行間手形処理システム ● 金融・外国為替市場におけるディーラー・ブローカーのマレーシア行動規範（MCC）を発行
1996年9月	● 発行入札用完全自動システム（FAST）の実施
2001年12月	● RENTASによる証券貸借の導入
2004年4月	● 新金利フレームワーク（NIRF）の導入
2005年	● 証券管理金融機関プログラム（ISCAP）の発足 ● 金融政策として買い戻し条件付取引（レポ）の積極的活用 ● 金融業機関による証券空売り規制のガイドライン導入
2006年7月	● 買い戻し条件付取引のガイダンス導入
2006年12月	● 中央銀行金融手形の導入
2009年7月	● イスラム・プリンシパル・ディーラーシップ・システムの導入
2011年	● 金融セクター設計（FSB）の立ち上げ
2014年3月	● 新規基準相場フレームワークの発表

イスラム長期金融市場

　イスラム長期金融市場（ICM）は長期金融商品を扱う市場である。ICM は従来金融の長期金融市場の基本構造に範をとり、償還までに一年以上の期間がある金融商品の取引や業務を扱う。下の表 4.2 に示す通り、一般的に ICM にはイスラム株式、イスラム債（スクーク）、イスラム・デリバティブ商品の三つのカテゴリーがある (Iqbal et al. 2006)。マレーシア証券取引所の定義によると、「イスラム長期金融市場（ICM）とは、イスラムの原則に反しない形で取引が行われる市場のことを指す。ICM ではリバー、マイシール、ガラールなどイスラムで禁止された活動などを行わず、長期金融市場の取引においてイスラムの教えを実現している」としている。

マレーシアにおけるイスラム長期金融市場の発展

　国家の成長や目標に必要な物を長期金融市場が提供していけるようにするため、マレーシアは第一次長期金融市場マスター・プラン（CMP1）を 2001 年に立ち上げた。CMP1 は 2001 年から 2010 年までの 10 年間について、マレーシアの長期金融市場の戦略的位置づけと将来的な方向を定めるために作られた包括的プランとなるものであった。CMP1 は国内の資本や投資で生じるニーズおよび長期的な国家建設の取り組みを支えていくため、競争力のある長期金融市場を構築することであった。CMP1 は強固な基礎を作り上げたのちに終了し、CMP2 が更にその目的を推し進めている。

　CMP2 では、変わりゆくグローバル環境の課題に対応しつつ、国の経済成長プロセスを支援していくため、長期金融市場強化の必要性が生じており、これをどう解決していくかが焦点となっている。CMP2 は 2011 年から 2020 年という次の 10 年間において、長期金融市場の競争力を対応させていくための戦略を記したものである。次ページの表 4.2 にあるように、成長戦略とともにガバナンス戦略も示されている。

表 4.2　CMP2 戦略の概要

成長戦略	ガバナンス戦略
● 資本形成の促進	● リスク管理のための商品規制の強化
● 仲介機能の効率化と拡大	● 仲介機能拡大に伴う説明責任の強化
● 流動性とリスク仲裁の深化	● 変化する市場に対応する堅固な規制枠組み
● 国際化の促進	● 効果的なリスク監視
● 情報インフラのキャパシティ構築と強化	● コーポレート・ガバナンスの強化
	● ガバナンスへの参加拡大

　マレーシアにおける長期金融市場は、証券委員会（SC）によって規制を受けている。SC は ICM を確立するために、早い段階にイスラム長期金融市場部局（ICMD）を設立した。ICMD はマレーシアの ICM を強化するための長期計画を策定することに加え、研究開発も行っている。

表 4.3　イスラム長期金融市場

株式	債券	デリバティブ
イスラム・ユニット・トラスト	イスラム証券	イスラム利潤スワップ
イスラム不動産投資信託	イスラム中期債	イスラム為替スワップ
イスラム株式ブローカー	イスラム・コマーシャル・ペーパー	イスラム通貨間スワップ
イスラム株式指標	イスラム債（スクーク）	

　ICM ではシャーリアに準拠した株式、スクーク（イスラム債）、シャーリア上場投資信託、シャーリア型ユニット・トラスト、イスラム不動産投資信託、シャーリアに準拠したデリバティブなどが投資商品として扱われている。シャーリアに準拠した株式は、通常の株式市場で扱われている株式と似ているが、シャーリアの原則に準拠した株式だけで構成されている。

イスラム株式市場

　マレーシアには従来の長期金融市場に加えてイスラム長期金融市場（ICM）がある。ICM はムスリムの良心やイスラムの原則に従った取引を扱う市場である。これらの市場では高利（リバー）、賭博（マイシール）、不明確な取引（ガラール）などの禁止された行為が排除されている。

ICMを実用的な形で運用するため、SCがシャーリア関連の問題で諮問するための機関として、政府は1996年5月にSACを設立した。シャーリア原則の分野での経験が豊富で資格要件を満たした人物がSACの委員として就任している。

表4.4　マレーシア証券取引所におけるシャーリア準拠した証券

	2013年6月	2012年6月
シャーリア準拠した証券数	800	818
上場証券数	910	927
上場証券総数に占める割合	87.9%	88.2%
時価総額（10億リンギット）		
シャーリア準拠した証券	1,007.72	864.30
上場企業時価総額合計	1,598.81	1,367.88
総上場金額に占める割合	63.0%	63.2%

出典：証券委員会

現在ではシャーリア準拠した証券、スクーク、イスラム・ユニット・トラスト、シャーリア・インデックス、ワラント（TSR）、コール・ワラント、粗パーム油先物取引など、さまざまなICM投資商品が存在している。表4.4を見てわかるように、シャーリア準拠した証券は2013年6月時点で全上場証券の87.9%を占めている。表4.5はマレーシア証券取引所に上場されているシャーリア準拠した証券の数を業界ごとに示している。

証券がシャーリアに準拠をしているかどうかを判断するため、SACは質量双方で評価するシャーリア審査方法を開発した。シャーリア審査は以下の二つのステップで行われる。

1．企業をその活動、製品、業界によって評価
　(a) 認められていない業界・業種：アルコール、タバコ、豚関連製品、従来の金融サービス、兵器・防衛、カジノ

2．財務比率を評価し、ベンチマークと比較
　(a) 流動資産　：19%-49%
　(b) 利息収入　：5%-15%
　(c) レバレッジ：30%-33%

更に審査方法を具体的に記すと、以下の活動にあてはまり、ベンチマークに該当する企業はシャーリアに準拠していないとみなされる。

i. リバー（金利）を得る金融サービス
ii. 賭博・ギャンブル
iii. 非ハラール製品および関連製品の製造・販売
iv. 従来の保険
v. シャーリアで認められていないエンタテイメント活動
vi. タバコ製品やタバコ関連製品の製造・販売
vii. シャーリアに準拠していない証券の株式仲介・取引
viii. その他シャーリアで認められていない活動

表4.5　マレーシア証券取引所に上場しているシャーリア準拠した証券業界別（2013年5月23日時点）

メイン市場・ACE市場	シャーリア準拠証券	証券総数	シャーリア準拠証券の割合（％）
消費者商品	122	132	92
工業製品	253	263	96
鉱業	1	1	100
建設	41	44	93
販売・サービス	174	202	86
不動産	71	84	85
プランテーション	37	40	93
テクノロジー	93	95	98
インフラ（IPC）	6	6	100
金融	2	37	5
SPAC	1	1	100
ホテル	無し	4	無し
クローズエンド型投資信託	無し	1	無し
合計	801	910	88

出典：証券委員会

イスラム・ユニット・トラスト

　シャーリアに基づいたイスラム・ユニット・トラストとは投資家向けの集合的な投資ファンドであり、シャーリア準拠した株式や債券など分散投資したポートフォリオをプロの投資家が運用しているものである。このタイプのユニット・トラストは、同じような投資目的を持ったファンドにも利益をもたらすことになる。しかしイスラム・ユニット・トラストは自由喜捨と言われるサダカの浄化プロセスを経て、リバーや高利を避けなければいけない。シャーリアの原則によると、イスラム・ユニット・トラストのファンド運用会社は、シャーリアに準拠した事業に損益を共有する形で投資するというムダラバ契約を利用しなければならない。

　イスラム・ユニット・トラストはトラスティ（受託者）、ユニット保有者（投資家）、ユニット・トラストの運用者という三つの層で構成されている。イスラム・ユニット・トラストはシャーリア原則にしたがって運用していることを保証するため、シャーリア・アドバイザーかシャーリア委員会を任命しなければ行けない。イスラム・ユニット・トラストはイスラム銀行や金融機関、ムスリム国の株式市場、イスラム体系にしたがって運営されている企業への投資など、株式投資がメインである。イスラム・ファンドの成長は著しい。2018年までにイスラム・ファンドの運用総額は34億ドルに上ると予測されている（KFH Research Database）。

イスラム REIT

　イスラム不動産投資信託（REIT）は総資産のうち50％以上を直接保有もしくは不動産所有会社への投資に向ける複合的な投資主体である。イスラムREITは全てのテナントがイスラムで認められていない事業を行っている会社だけという場合には、その不動産を所有することが許されず、そのような企業が混ざっている場合には、当該企業からの賃貸収入がREIT全体の20％を超えてはならないとされている。

　イスラムREITで認められていない活動には以下のものが含まれる
　1．利子をとる金融サービス
　2．ギャンブル
　3．非ハラール製品の製造・販売

4．従来の保険
5．シャーリアで認められていないエンタテイメント活動
6．シャーリアに準拠していない証券の株式仲介・取引
7．ホテル・リゾート

　その他にもイスラムREITはすべての投資、預金、金融商品がリバー、マイシール、ガラールを禁じたシャーリア原則に従っていなければならない。図4.3はイスラムREITの構造を示している。一般的に言って、イスラムREITはユニット保有者（投資家）、トラスティ、REIT不動産、不動産管理者、運用会社、シャーリア・アドバイザー、テナントによって成り立っている。

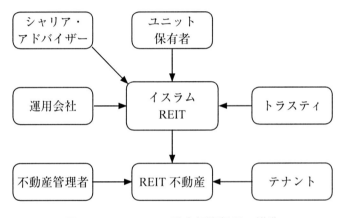

図4.3　イスラム不動産投資信託の構造

イスラム株式仲介

　イスラム株式仲介はシャーリア準拠した株式に投資したい投資家を市場につなげる役割を果たしている。イスラム株式仲介の基本的構造はワカラとタウィドの考えに基づいている。マレーシアのイスラム株式仲介で使われているワカラと言う考えには、イスラム株式仲介と顧客との関係性、イスラム株式仲介とマレーシア証券取引所との関係性という二つの意味がある。株式仲介で発生する料金はタウィド（対価）の考えに基づいて支払われている。

　ワカラ契約を通じて顧客の代理人としてシャーリア準拠した株式の売買を行うというのが、イスラム株式仲介の機能である。このため、投資家の資金は利子のある貸出（リバー）、従来の保険、ギャンブル、タバコ

など非ハラール活動を運営・営業していないイスラム株式に投資される。

イスラム・インデックス

イスラム・インデックスはイスラム株式市場の実際の取引において、シャーリア原則に従って企業の活動や営業を導くために利用される。これらのインデックスの主な目的は、対象市場の影響力やファンド運用者のパフォーマンス、購入を考えている投資家が多様化したグローバル市場にさらされるシステミック・リスクを判断することである。

イスラム債権市場

現在マレーシアには、債券とイスラム債と呼ばれるスクークがマレーシア証券取引所に上場され取引されている。これらは上場債券・スクーク(ETBS)として知られている。アラビア語でスクークは認証を意味し、シャーリア原則に従って発行されるものである。表4.6は債券とスクークの違いを示したものである。債券とスクークは共に市場が弱い時に安定した収入を確保してヘッジできる資産として考えられている。

表4.6　債券とスクークの違い

債券	スクーク
●債券は発行者の債務証券や借入債務のことを指す	●スクークは認証である
●債券保有者は、債権の保有者であり、会社のオーナーとなる権利は持たない	●スクーク保有者はスクークの等級に応じて何らかの所有権を得る（プロジェクトや明確に規定された資産の一部所有権など）
●法的枠組み内であれば、どのような財務目的であっても発行が認められている	●スクークの発行はその性質や使用法がイスラム的な観点から認められたものでなければいけない（資産担保スクークなどイスラムの原則に従う必要あり）
●債権は発行者の信用価値によってのみ発行される	●スクークの価値は、担保している資産の価値によって決定される
●クーポンとして一定金額が支払われる	●配当として一定金額が支払われる

出典：マレーシア証券取引所

イスラム債券市場では、投資に回せる余剰資金を持つ投資家に対して企業、政府、政府関係機関がイスラム証券を発行している。市場で扱われている商品は、イスラム証券、イスラム・ミディアム・ターム・ノート、イスラム・コマーシャル・ペーパー、イスラム債（スクーク）などである。

イスラム証券

イスラム証券とはシャーリア原則とその考えに基づき発行されSACに承認されている証券を指す。これらの証券は、リバー、ガラール、マイシール、非ハラール関連製品などの営業取引や運営を禁止しているシャーリア審査を受けることになる。これらイスラム証券はバイ・ビタマン・アジル（延払方式）、イジャーラ（リース方式）、ムダラバ（利益分配方式）、ムシャーラカ（ジョイント・ベンチャー方式）といったシャーリアの考えや原則に基づいて発行されている。市場で取引されているイスラム証券の一部を取り上げると以下の様なものがある

1. 資預金証書
2. イスラム取引証書
3. IDB投資証書
4. 参加証書
5. カルド・ハサン証書

イスラム・ミディアム・ターム・ノート

ミディアム・ターム・ノートは中長期の財務目的で発行されるものである。償還期間は1年以上7年以内、額面価格、もしくは割引価格やプレミアムで発行することができる。MTNは設備投資を目的に発行される。

イスラム・コマーシャル・ペーパー

ICPは運転資金など、短期の財務目的で発行される。割引、プレミアム、額面価格で発行され、入札で売買される。ICPの価格は発行者の信用力に基づいて決定され、償還までの期限は1ヶ月から12ヶ月である。ICPは銀行間市場で取引され、それぞれレーティング会社からのクレジット・レーティングを受ける。

イスラム債ースクーク

　シャーリアに準拠した債券はスクークとして知られており、「証券」という意味を持つアラビア語に由来している。スクークは有形資産に裏付けられた資産担保証券である。利息のつくローン契約から利益を得ることをシャーリアが禁止していることから、スクークが誕生した。目論見書を配布する必要はなく、第三者割当や一般入札によって発行することができる。スクークの償還年限は1年以上になっている。スクークには以下の様なものがある。

1. スクーク・アル・イジャーラ
2. スクーク・アル・サラーム
3. スクーク・アル・ムラーバハ
4. スクーク・アル・ムシャーラカ
5. スクーク・アル・ムダラバ
6. スクーク・アル・イスティスナ
7. ハイブリッド・スクーク

　スクークの種類は多いが、最も多いのはスクーク・アル・イジャーラである。

イスラム・デリバティブ市場

　デリバティブの一般的な定義は、普通株式、債券、通貨、コモディティなど裏付けとなる資産の価値によって金額が変わる金融資産というものである。イスラムにおいてデリバティブ市場は不要なリスクを避け、これら金融証券がハラールとして認められる前にシャーリアの原則に従っていることが求められる（El-Gamal 1999）。

　シャーリアに従い販売可能な形で物理的に存在しているコモディティや資産が裏付けとなっていれば、商品として有効と考えられる。また、販売者は資産の最終形態の法的な所有者でなければならない。こういった販売有効性の条件から考えると、イスラム的にはデリバティブの売買はほぼ不可能ということになる（El-Gamal 1999）。しかしシャーリア法では延払販売を可能にするため、これらの条件に幾つかの例外を設けている。

さまざまな金融デリバティブ商品がイスラム金融の枠組み内で発展してきたことは、イスラム金融商品により経済が変質し、より倫理的で社会に利益をもたらすような形になってきていることを現していると言えるだろう。

イスラム利潤スワップ（IPRS）

IPRSは二者間で結ばれる契約で、ムダラバ、ワード（誓約）、バイ・アル・イナ（売買同時契約）というシャーリア原則に基づき、いくつかの契約を通じて固定利潤と変動利潤の間で取引を行うものである。

デリバティブ商品は契約で決まっている金利、貸出料、利益率の変動に対するリスク管理として広く使われているものである。このような不透明性に対してヘッジするため、多くの企業がこの利潤スワップを利用している。

図4.4に描かれているように、イスラム・スワップにおける取引相手はXYZから変動利潤を受け取り、XYZは逆に固定利潤を支払う。XYZは対象となる金融資産から得られる固定利益を受け取り、支払い義務のある変動金額を支払う。IPRSにおいては、額面の元金は相殺されるので実際に支払が行き来することは無い。実際にスワップされるのは額面価格の上に乗せられた差額だけで、一方が固定金額を払い、もう一方が変動金額を払う。このため、どちらも実際のモノの対価を払うことは無いのである。この支払い義務はムカサ（負債の相殺）によって決済されることになる。

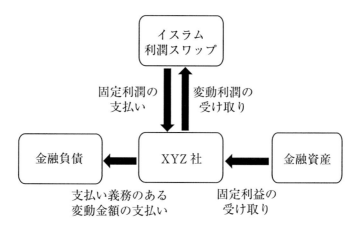

図4.4　イスラム利潤スワップの構造

イスラム為替スワップ（イスラム FX スワップ）

イスラム FX スワップは不安定な変動を見せる市場の為替価格にヘッジをするための取引である。しかしイスラム FX スワップはリバー、マイシール、ガラールを禁止したシャーリアの原則に従わなければいけない（Dasuki 2009）。イスラム FX スワップではバイ・アル・タワルク（コモディティ契約）とワードという二つのシャーリアに従った構造を取っている（Dasuki 2009）。

為替スワップの取引で二者が現在のレートに基づいて将来取引したい、というときに問題が起こる。イスラムではバイ・アル・サーフ（金銭売買取引）の原則で直物での取引が義務付けられており、このような取引は認められていないからである。しかしこの問題に対応するため、イスラム FX スワップではワードとタワルクの考えを取り入れているのである。図 4.5 はワードを利用したイスラム FX スワップを示している。

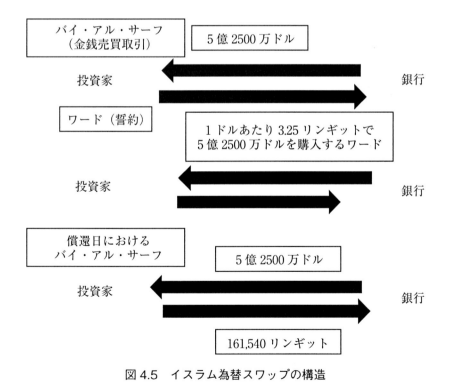

図 4.5　イスラム為替スワップの構造

イスラム通貨間スワップ（ICCS）

　ICCSはコモディティ・ムラーバハ取引だけでなく、資産や商品が利用されている期間に生まれるキャッシュフローも含めた取引である。ICCSとは、一つの通貨で発生する利益と通貨支払と、もう一つの通貨で発生する利益と通貨支払を交換するという二者間の合意を指し、一定期間にわたって実際の元金を基に計算される。このデリバティブ商品は中小企業でも大企業でも利用することができる。ICCSは外貨の利用や利益率のヘッジを可能にし、資産と負債を変動の激しい外貨から守るために開発されたものである。

　ICCSで使われるシャーリア・モデルはムラバハ、ムサワマー（コスト開示義務のない契約）、ワード、ムカサである。ICCSは3つの段階に分けることができる。
1．通貨Aと通貨Bを交換し、失効日には同じレートで元金を戻すと誓約する。
2．通貨Aでキャッシュフローが発生する度に、企業はキャッシュを受け取るというタワルク取引を銀行との間で行う。
3．償還日には投資家は当初のレートで通貨Aを売り通貨Bを取得、というバイ・アル・サーフ取引を実行する

　イスラム金融市場はイスラム短期金融市場とイスラム長期金融市場に分けることができる。イスラム短期金融市場は銀行間取引や短期のイスラム金融商品など、短期金融取引を扱うものであり、イスラム長期金融市場はイスラム長期金融商品を扱う市場であるイスラム長期金融市場はさらにイスラム株式市場、イスラム債券市場、イスラム・デリバティブ市場に分けることができる。イスラム株式市場は主にシャーリアに準拠した株式を、イスラム債券市場はスクークの発行を扱う。イスラム・デリバティブ市場ではリスク・ヘッジのための取引が行われる。

5 イスラム金融市場における規則

　イスラムでは、契約に関わるいずれの関係者に対しても搾取や不正などがもたらされるようなビジネス取引を全て明確に禁止している。このため、イスラム金融市場は提供される製品やサービスを改善し、法規制インフラを整え、国際協力の新たなイニシアティブを取っていくような、ガバナンスを司るような団体や国際的なイスラム組織を持つ必要がある。これらの国際団体として、イスラム金融サービス委員会（IFSB）、国際イスラム金融市場（IIFM）、イスラム金融機関会計監査基準機構（AAOIFI）等がある。これらの団体はイスラム金融に関する世界的な規制基準やベスト・プラクティスを設定し、各市場の慣習や規制の差を縮めていこうと最前線で取り組んでいる。

イスラム金融サービス委員会（IFSB）

　IFSBはイスラム金融サービス業の健全性と安定性を奨励・改善するための団体である。IFSBはさまざまなメカニズムやプラットフォームを利用して、銀行、長期金融市場、保険業界などに対して世界中で良識的なスタンダードを提供しようと努めている。このような取り組みには、イスラム金融のガイドラインと原則、イスラム金融サービスを提供する金融機関監督者としての審査プロセスに必要なガイドライン、イスラム金融サービスを提供する金融機関に求められる自己資本比率のガイドラインなどの提供などがある（これらのガイドラインはIFSBのウェブサイト上で入手可能）。ガイドライン提供の他にもIFSBは研究業務の実施、様々な問題に関するイニシアティブの協議、関係者や規制機関、業界向けのラウンドテーブル、セミナー、会議の運営などを行っている。2015年4月の時点でIFSBには全45カ国から61の規制監督機関、8つの国際政府間機関、119の市場参加者を含めた188の加盟メンバーが参加している。[8]

国際イスラム金融市場（IIFM）

IIFM はイスラム開発銀行、ブルネイ通貨金融庁、インドネシア銀行、バーレーン中央銀行、スーダン中央銀行、BNM などの中央銀行や様々な機関が 2002 年に設立した非営利団体である。IIFM は長期金融市場や短期金融市場、企業金融、貿易金融に関するイスラム金融契約や金融商品のテンプレートを規格化することでイスラム・サービス業界のスタンダードを設定している。

イスラム金融機関会計監査機構（AAOIFI）

AAOIFI はイスラム金融機関や金融業界に対する会計、監査、ガバナンス、倫理観、シャーリアに基づく価値観などを設定する非営利のイスラム国際機関である。業界水準向上のため、AAOIFI は専門家資格プログラムを数多く提供している。40 カ国から中央銀行、イスラム金融機関のほか国際的なイスラム銀行・金融業界の 200 のメンバーが AAOIFI を支援している。[9]

イスラム金融の構成要素

イスラム金融の重要な構成要素とは通常、ガバナンス、倫理観、パートナーシップ、実業のことを指す。第 1 章では 7 つの原則について言及したが、それはこれら 4 つの要素に繋がるものである。このため、規制枠組みを作る際には、これら 4 つの要素に対応していかなければいけない。イスラム金融はガバナンスの点において透明性と情報開示の向上、受託者責任や説明責任の改善を奨励している。また、イスラム金融ではリバー、ガラール、マイシール、非ハラール製品やサービスを禁止しているだけでなく、倫理観に反する活動も避けることになっている。イスラム金融はさまざまな契約関係を通じて、パートナーシップ関係を勧めている。イスラム金融における取引の大半は、株式を通じたリスク共有を前提としている。契約ではリスクと利益を分配する点が明確に定義されていなければいけない。イスラム金融は実際の活動に裏打ちされた実体経済と密接につながったものである。また、イスラム金融は過剰なレバレッジの使用を禁止している。図 5.1 はイスラム金融の主要な四つの構成要素を説明している。

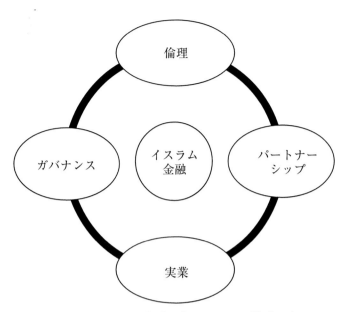

図 5.1　イスラム金融の主要な四つの構成要素

マレーシアにおける金融市場の規制官庁

　マレーシアは健全な金融市場を築くために、監督規制の機能を持ち市場を監視するための規制官庁を数多く作っている。そのなかの例がBNM、SC、ラブアン・オフショアなどである。図5.2は、マレーシアの短期金融市場や長期金融市場などの金融市場における規制官庁を示している。

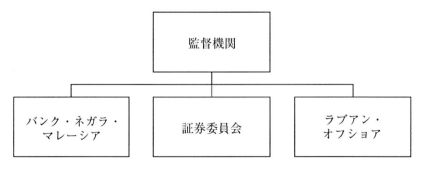

図 5.2　マレーシアにおける金融市場規制当局

金融機関規制のため、BNMには金融システム規制と監督の以下の規制のもと、包括的な権力が法的に備えられている。マレーシア金融システムでは従来の金融とイスラム金融の両方を取り入れたハイブリッド型となっているため、両方の金融システムの問題に対応する数多くの法整備が導入されている。[10]

1. 2009年マレーシア中央銀行法（CBA）

2009年マレーシア中央銀行法（CBA）は1958年マレーシア銀行法に変わるものとして、2009年11月25日に施行されたものである。この法律は金融と財政の安定を図り、支払いシステムを統制監督するために、BNMの存続を定めたものである。

2. 1996年保険法

1996年保険法は保険業務、保険仲介業務、調整や投資顧問業務などに対する免許や規制などについて新たな法律を定めたものである。

3. 2002年開発金融機関法（DFIA）

2002年開発金融機関法（DFIA）は2002年2月15日に制定された。DFIAは開発金融機関（DFI）が安全で健全な金融機関の運営をしていくように、包括的な規制枠組みを定めたものである。DFIはマレーシアにとって重要と考えられる農業、中小企業、インフラ、海運、輸出産業、資本集約産業、ハイテク産業など重要セクターの発展と振興という特別な義務を課して、マレーシア政府が設立した金融機関のことを指す。DFIAは、DFIが金融システム全体の安定に寄与しながら健全で効率的な経営をするように作られたものである。

4. 2002年反マネーロンダリング・反テロ資金供与非法活動法（AMLATFPUAA）

2002年反マネーロンダリング・反テロ資金供与非法活動法（AMLATFPUAA）はマネーロンダリングを防ぐための法律で、マネーロンダリングやテロ活動への資金供与を防止するための対策、マネーロンダリングやテロ資金供与に関与もしくは没収された財産や捜査権、テロリストの財産、非合法活動や手段の売上に対処するものである。

5. 2011年通貨サービス業務法（MSBA）

2011年通貨サービス業務法（MSBA）は通貨サービスの免許、規制、

監督に関する法律で、両替、送金、大規模な通貨取り扱いなどを対象とする。MSBAはマネーロンダリングやテロ活動への資金供与、非合法活動の対策を強化しながら、両替業や送金業を近代化し、よりダイナミックで専門的な産業にし、競争を奨励していくことを目的としている。BNMは規制、ガイドライン、通知、基準、通告などを発行することによって、業界を規制する権力を持っている。

6. 2013年金融サービス法（FSA）

2013年金融サービス法（FSA）はマレーシアの銀行業、保険業、支払いシステム、為替管理等に関する規制監督の枠組みを統合することを目的に、2013年6月30日に施行された。FSAにおけるBNMの主要な規制の目的は、金融機関の安全性と健全性を追求し、通貨為替市場の信頼と秩序を保ち、安全かつ効率的で信頼性の高い支払いシステムや支払方法、金融機関における公正で信頼できる専門的な業務遂行を推進しつつ、金融サービスや商品を利用する消費者の権利と利益を守ることである。

7. 2013年イスラム金融サービス法（IFSA）

2013年イスラム金融サービス法（IFSA）は2013年6月13日に施行されたものである。IFSAはマレーシアのイスラム金融セクターにおいて、金融システムの安定性とシャーリアの準拠を推進するという主要な目的のため、規制枠組みを定めたものである。IFSAはFSAと同様に、BNMに規制と監督の権限を付与している。シャーリア準拠を推し進めるため、IFSAはイスラム金融機関に対し、常にシャーリア準拠の認証を義務として課し、BNMに対してはシャーリアの標準ガイドライン発行の権限を与えている。

BNMはマレーシアにおけるイスラム金融強化のため、1997年5月にSACを設立した。SACはマレーシアのイスラム金融において、最高の権限を持ったシャーリア当局である。SACはシャーリア関連の問題においてBNMの諮問機関でありアドバイザーでもある。SACはイスラム銀行やタカフル商品について、シャーリア原則に従っているかを確かめ証明するための権限も持っている。SACのメンバーは銀行、金融、経済学、法学、シャーリア実践などの分野に経歴を持つ著名なシャーリア学者、法学者、市場参加者などで構成されている。

イスラム金融：イスラム銀行はシャーリア契約を通じた金融仲介機能を提供			
シャーリア基準	業務基準	監督機能	決議
各シャーリア契約の根本的要件に準拠	リスク管理の強化、ガバナンス、透明性および開示、市場行動、その他業務面におけるシャーリア規準の提供	シャーリア準拠を徹底するため、金融機関におけるシャーリア委員会と役員会の役割の明文化	シャーリア契約を反映した支払の優先

図5.3 契約に基づいた規制枠組み（IFSA 2013）

出典：INCEIF 2015年12月6日時点で http://www.inceif.org/islamic-financial-services-act-2013/ から入手可能

証券委員会（SC）

マレーシアの証券委員会（SC）は1993年証券委員会法に従って設立された。SCの主な役割は長期金融市場の活動を2007年長期金融市場サービス法にしたがって管理監督していくというものである。また、SCは投資家の権利を保護し、証券市場や先物市場の支援や整備も行っている。具体的にはSCの役割は以下のようになっている。

1. 証券・先物業界における全ての問題について、大臣に対し助言をする。
2. 証券・先物契約に関する全ての問題について、規制をする。
3. 証券法の規則が守られていることを徹底する。
4. 企業買収や合併を規制する。
5. ユニット・トラスト・スキームに関する全ての問題について規制する。
6. 証券所保有会社、取引所、決済所の活動を監督および監視する。

ラブアン金融サービス機関（ラブアンFSA）

ラブアン金融サービス機関（ラブアンFSA）は、1996年ラブアン・オフショア金融サービス機関法（LOFSA）の下、ラブアン国際ビジネ

スセンター（IBFC）における規制監督機関として1996年に設立された。この組織の役割は基本的に、アジア太平洋地域においてラブアンを第一の国際ビジネス金融センターとして売出し宣伝することである。ラブアンFSAの目的とは以下の様なものである。
1．ラブアンをオフショア金融サービスの中心として宣伝し発展させること
2．ラブアンにおけるオフショア金融サービスについて秩序ある発展と管理に必要な国家目標、政策、優先事項を策定し、金融大臣に対し提言すること

これまでオフショア・センターとしてラブアン規制のために採られた政策は以下の様なものがある。
- 1990年オフショア銀行法（OBA）
- 1990年オフショア保険法（OIA）
- ラブアン・オフショア証券産業法（LOSIA）
- 1996年ラブアン・オフショア金融サービス機関法
- 1990年ラブアン・オフショア営業活動税法

マレーシアのイスラム金融銀行に関する法律の出典

イスラム金融が実際に認められた範囲内で活動し、シャーリア原則に従っていることを確認するため、マレーシアはイスラム金融と銀行に関して数多くの法律を定めている。その中の幾つかを例に上げると、2013年イスラム金融サービス法（IFSA）、2007年長期金融市場サービス法（CMSA）、2010年ラブアン・イスラム金融サービス証券法（LIFSSA）である。

2007年長期金融市場サービス法（CMSA）

2007年長期金融市場サービス法（CMSA）は1983年証券産業法と1993年先物産業法を統合した法律であり、「長期金融市場の活動、市場、仲介業者に関する問題、およびそこから発生する結果や偶発的事項に関するものを規制する」(CMSA 2013)。長期金融市場には証券、デリバティブ、個人年金給付制度、ユニット・トラスト制度、証券やデリバティブやその組み合わせを用いた商品や契約、その他長期金融市場商品として売られる商品などが含まれる。

2010年ラブアン・イスラム金融サービス証券法（LIFSSA）

ラブアンはマレーシアのオフショア・センターであるため、金融センターとしての機能を監視するために必要な独自の法令を持っている。ラブアンのイスラム金融センターとしての機能を規制するためにラブアン当局が用いる法令の一例が、2010年ラブアン・イスラム金融サービス証券法（LIFSSA）である。

2010年LIFSSAは「ラブアンにおけるイスラム金融サービスと証券の免許及び規制、その他関連問題に関する法律」である（LIFSSA 2010）。法律で求められていることとして、「本法律に基づいて活動するものは、シャーリア原則に従って活動するものとする」（LIFSSA 2010）というものがある。[11] 図5.4は2010年LIFSSAに基づいたラブアンにおけるイスラム金融の状況を示したものである。

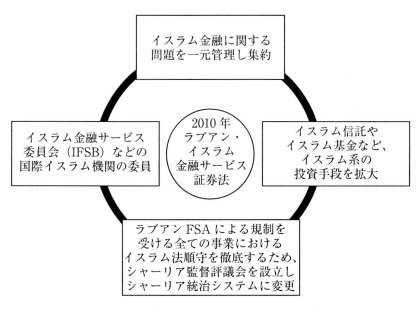

図5.4　ラブアンにおけるイスラム金融の発展

出典：Offshore Financial Centres: Attractive for Islamic Finance (2015年8月13日)

イスラム金融の国内・国際ガイドラインとビジネスにおける実践

　イスラム金融の実践は国内ニーズにとどまらず、国際環境でも求められているものである。このためBNMは国内ガイドラインと国際ガイドラインの間で合理化を進めるためのイニシアティブを取ってきた。図5.5はこの取組が行われている分野を示している。

国内規制	国際ガイドラインなど
企業統治ガイドライン	自己資本規制（2005年12月）
利益率枠組み	リスク管理指針（2005年12月）
財務情報開示ガイドライン	企業統治指針（2006年12月）
シャーリア委員会ガイドライン	透明性と市場規律（2007年末）
イスラム短期金融市場ガイドライン	スクーク、証券化、不動産投資の自己資本規制要件（2009年1月）
自己資本規制	
ムシャーラカ＆ムダラバ	イスラム共同投資スキームのガバナンス指針（2009年1月）
PSIAリスク緩衝枠組み	
不動産開発・投資活動	
イスラム窓口営業のファイアウォール	

出典：バンク・ネガラ・マレーシア（BNM）およびイスラム金融サービス委員会（IFSB）

　図5.5　イスラム金融のマレーシア国内および国際ガイドライン

　イスラム銀行に対する規制として、マレーシア政府は現行の規制システムを取り入れ、段階的にイスラム銀行向けの法律・規制枠組みに組み替えていくという形で、現行規制システムの強化を行ってきている。イスラム金融契約のユニークな特性に対応したIFSBガイドラインを取り入れることにより、イスラム金融特有な点に応えた変更を枠組みに加えている。

　イスラム金融市場は従来の金融市場とは大きく異なっているため、その要件、つまりはシャーリア原則への準拠に対応するための規制が必要となっている。イスラム金融市場は単にそれぞれの国の状況に合わせるというだけではなく、グローバル化が進んでいる中、イスラム金融市場も国際的環境への対応を考慮する必要がある。このため、国内の状況だけでなく、国際的なガイドラインや慣習を反映した形で規制やガイドラ

インを作成していかなければならない。例えばマレーシアでは国内のイスラム金融市場の規制枠組みを作るにあたって、イスラム金融契約の特徴に対応した国際ガイドラインを取り入れ、その枠組に絶えず変更を加え続けている。

脚注

1. 7つの原則は「US: Potential market for Islamic Finance. Malaysia. World's Islamic finance marketplace. P.4」より引用。http://www.mifc.com

2. 2014年6月3日の第5回世界イスラム銀行会議アジアサミットにおけるシンガポール通貨監督庁長官 Ravi Menon 氏の発言より。

3. 2014年6月3日の第5回世界イスラム銀行会議アジアサミットにおけるシンガポール通貨監督庁長官 Ravi Menon 氏の発言より。

4. 「US: Potential market for Islamic Finance. Malaysia. World's Islamic finance marketplace. P.6」より引用。http://www.mifc.com

5. ザカットは「純化」または「成長」を意味する。ザカットが人の財産を純化することができるのは、イスラムでは財産の一部は他の人のものであると信じられているからである。ザカットに向けられるのは、年間の総累積財産のうちたった2.5%である。集められたザカットは貧しい人々に分配される。ザカットを支払うことによりムスリムはアッラーの指示に従ったことになるので、ザカットはムスリムとアッラーの間に繋がりを生む事になるのである。しかしザカットが義務となるのは一定の基準と条件を満たしたもののみである。また、さまざまな経済階層に属する人々の融合を推し進めることにもなる。

6. 情報は以下から取得
   http://iimm.bnm.gov.my

7. この情報はバンク・ネガラ・マレーシアのウェブサイト上で閲覧可能
   http://www.bnm.gov.my

8. IFSBの詳細な情報は http://www.ifsb.org/ を参照。

9. AAOIFIについての情報は http://www.aaoifi.com を参照。

10. これら法律の詳細はバンク・ネガラ・マレーシアのウェブサイト（http://www.bnm.gov.my）からダウンロード可能である。

11. この法律は https://www.labuanibfe.com を参照。

用語集

バイ・アル・サーフ Bai al-Sarf	金銭と金銭の交換を行う契約
バイ・ビタミン・アジル Bai Bithamin Ajil	売買取引の契約
信用収縮 Credit crunch	銀行が与信に消極的になることで引き起こされる状況
信用バブル Credit bubble	銀行が過剰な与信をすることにより、借り手がローン返済不可能な状況に陥る状況
ガラール Gharar	不明な事実や状況
ヒバー Hibah	享受した利益に対して自発的に行う支払い。贈り物と言う意味もある。
イバダー Ibadah	宗教儀式
イジャラー Ijarah	賃料としての支払い
イジュマー Ijmak	イスラム法学者による意見の一致や合意
カファラ Kafala	保証
マイシール Maisir	賭博もしくは運に左右されるゲーム
ムダーラバ Mudarabah	事業投資において、一方のパートナーがもう一方に対して資本を提供するパートナーシップ
ムシャーラカ Musyarakah	債権者がローンに対して利息を課さないが、株式保有に応じて債権者が事業から利益を得るよう、債権者と買い手の間で合意を取り付ける契約形式

ムカサ Muqassah		相殺取引による債務の清算
カルド・ハサン Qard-Hassan		社会福祉や短期つなぎ融資のための二者間のローン契約
キヤース Qiyas		特定のケースについて、拘束力のある当局が法律を応用または拡大解釈すること
クルアーン Quran		ムスリムが神からの啓示だと信じるイスラムの主要教典
リバー Riba		ローン契約において元金を超えた支払いや受け取り金額
サダカ Sadaqah		自発的な慈善の寄付
シャリア Syariah		クルアーン、ハディース、スンナ、イジュマー、キヤース、イジュティハードといったさまざまな出典から導き出されたイスラム法
スクーク Sukuk		イスラム債
スンナ Sunnah		預言者ムハンマドの言行・範例
タバル Tabarru		タカフルを通じた寄付
タワルク Tawarruq		顧客が迅速かつ容易に資金調達できるイスラム金融商品
タウィード Ta'widh		意図的な支払の遅れ
ワカラ Wakalah		契約の当事者（主導者）が別の当事者に対し、代理として行動することを委託する契約。委託された当事者（代理人）は提供するサービスに対して代金を受け取る
利回り・イールド Yield		証券を保有する投資家が満期までに受け取る利率

あとがき

　公益社団法人　日本マレーシア協会は2016年年末で創立60周年を迎える。これは当協会がマレーシアの独立と踵を接して創られたためで、来年のマレーシア独立60周年と共に大変嬉しい出来事になる。
　当協会は当初、日本への留学をされるマレーシア人学生の身元保証を行うことを主な活動にしていたが、近年は熱帯雨林の再生を目差して、ボルネオ島のマレーシア領サラワク州で植林を行っている。これは民間会社による、暖かいご支援のお蔭によるもので、すでに30万本を超える植林を行い、その保護について同州森林局から特段の熱意を寄せられていることは大変ありがたいことである。そのほかにも教育交流や講演会などにも熱心に取り組んでいる。
　近年は、マレー語に堪能な新井専務理事を中心に現地の著作の翻訳も行っており、一昨年は「ハラルを良く知るために」を翻訳した。イスラム教の食事の規則である「ハラル」への関心が高まり、同書にも多くの関心が寄せられている。昨年は「マレーシア国民のゆくえ」を上梓したが、これも多民族社会の運営に成果を上げている同国の現状を良く知ることは、今後、日本社会が外国人に対応する上で参考になるとのことで多くの図書館に所蔵された。
　このところ金融界を中心に「イスラム金融」に関する、きちんとした参考書が欲しいという要望が協会に多数寄せられてきた。マレーシアはイスラム文化圏の中で特にイスラム金融の普及に努力をしてきた国である。そこで当協会は現地の国立大学であるマレーシア北部大学の諸先生にわざわざ入門書を英語で書き下ろしていただいた。それが『イスラム金融の基礎　金融市場編』である。本書は同時に刊行された『イスラム金融入門　入門編』の姉妹書と言うべき内容であるが、本書はイスラム金融の基礎について解説すると同時に、銀行業務についても詳しく触れられている。イスラム金融に関心をお持ちの金融機関の関係者の方々には喜んでいただけるのではないかと思う。
　本書の訳者、岡野俊介氏には前述の翻訳すべてを手掛けていただいたのであるが、この9月から杏林大学で「アジア・ホスピタリティ」の講義をされるとのことである。当協会からこうした専門家が育ったことは慶賀に耐えない。
　イスラム金融といっても私たちの金融とまったく違う仕組みがあるの

ではなく、イスラム教が求める倫理的な要請に従って、さまざまな工夫をした金融システムというのが私の理解である。私たちが慣れ親しんだ従来型の金融もイスラム金融も相互理解の上で十分に調和した関係ができるということが本書をお読みになる方にはお分かり頂けるはずである。

　異文化の中に生きる人々が互いに相互の違いを尊重しながら良い関係を結んでいくことが、平和を維持し、繁栄を築く上で不可欠であろう。私たちの協会は翻訳をはじめとする、様々な活動を通して、そのお手伝いをしていきたいと考える次第である。

公益社団法人日本マレーシア協会
理事長　小川孝一

マレーシアの
認定イスラム金融機関一覧

（バンク・ネガラ・マレーシア ウェブサイトより http://www.bnm.gov.my）

国内イスラム銀行

1. Affin Islamic Bank Berhad

HQ Adress: Aras 17, Menara Affin, 80,
Jalan Raja Chulan,
50200 Kuala Lumpur
Telephone:+603 2055 9000
Facsimile:+603 2031 8562
Website: www.affinislamic.com.my

2. Al Rajhi Banking & Investment Corporation

(Malaysia) Berhad
HQ Address: Ground Floor, East Block, Wisma
Selangor Dredging, 142-B Jalan Ampang,
50450 Kuala Lumpur
Telephone:+603 2301 7000
Facsimile:+603 2170 7100
Website: www.alfajhibank.com.my

3. Alliance Islamic Bank Berhad

HQ Address: Level 22, Menara Multi Purpose Capital
Square, 8 Jalan Munshi Abdullah, 50100 Kuala Lumpur
Telephone:+603 5516 9988
Facsimile:+603 5621 5624
Website: www.allianceislamicbank.com.my

4. AmIslamic Bank Berhad

HQ Adress: Level 45, Menara AmBank,
No.8, Jalan Yap Kwan Seng,

50450 Kuala Lumpur
Telephone:+603 2167 3000
Facsimile:+603 2166 5664
Website: amislamicbank.com.my

5. Asian Finance Bank Berhad

HQ Address: Level 2, Podium Block,
Kenangan International, Jalan Sultan Ismail,
50250 Kuala Lumpur
Telephone:+603 2079 1000
Facsimile:+603 2079 1100
Website: www.asianfinancebank.com

6. Bank Islam Malaysia Berhad

HQ Address: 32nd Bumiputra, Jalan Melaka, Peti Surat
10407, 50913 Kuala Lumpur
Telephone:+603 2698 8787
Facsimile:+603 2691 0388

7. Bank Muamalat Malaysia Berhad

HQ Address: Menara Bumiputra, Jalan Melaka, Peti Surat
10407, 50913 Kuala Lumpur
Telephone:+603 2698 8787
Facsimile:+603 2691 0933
Website: www.muamalat.com.my

8. CIMB Islamic Bank Berhad

HQ Address: Level 19, Menara Bumiputra Commerce,
11 Jalan Raja Laut,
50350 Kuala Lumpur
Telephone:+603 2619 1188
Facsimile:+603 2619 2288
Website: www.cimbislamic.com

9. HSBC Amanah Malaysia Berhad

HQ Address: Bangunan HSBC, No.2, Leboh Ampang, 50100 Kuala Lumpur
Telephone:+603 8321 5200
Facsimile:+603 2070 1146
Website: www.hsbcamanah.com.my

10. Hong Leong Islamic Bank Berhad

HQ Address: Aras 6, Wisma Hong Leong,
18 Jalan Perak,
50450 Kuala Lumpur
Telephone:+603 2180 8888
Facsimile:+603 2161 1278
Website: www.hlib.com.my

11. Kuwait Finance House (Malaysia) Berhad

HQ Address: Level 26, Menara Prestige, 1,
Jalan Pinang, P.O. Box 10103,
50450 Kuala Lumpur
Telephone:+603 2168 0000
Facsimile:+603 2168 0001
Website: www.kfh.com.my

12. Maybank Islamic Berhad

HQ Address: Level 30, Menara Maybank,
100, Jalan Tun Perak,
50050 Kuala Lumpur
Telephone:+603 2070 8833
Facsimile:+603 2026 1726
Website: maybankislamic.com.my

13. OCBC Al-Amin Bank Berhad

HQ Address: Level 25, Wisma Lee Rubber, 1 Jalan Melaka, 50100 Kuala Lupur

Telephone:+603 2034 5034
Facsimile:+603 2698 4363
Website: www.ocbc.com.my/ocbc_alamin

14. Public Islamic Bank Berhad

HQ Address: Level 14, Menara Public Bank, 146,
Jalan Ampang, 50450 Kuala Lumpur
Telephone:+603 2176 6000 / 6666
Facsimile:+603 2162 2224
Website: www.publicislamicbank.com.my

15. RHB Islamic Bank Berhad

HQ Address: Corporate Office, Level 11, Menara
Yayasan Tun Razak,
200, Jalan Bukit Bintang,
55100 Kuala Lumpur
Telephone:+603 2171 5000 / +603 9206 8118 (Call Centre)
Facsimile:+603 2171 5001
Website: www.rhbislamicbank.com.my

16. Standard Chartered Saadiq Berhad

HQ Address: Level 16, Menara Standard Chartered,
No. 30, Jalan Sultan Ismail,
50250 Kuala Lumpur
Telephone:+603 2117 7777
Facsimile:+603 2711 6006
Website: www.sc.com.my

海外イスラム銀行

1. Alkhair International Islamic Bank Berhad

HQ Address: Level 27, Menara Standard Chartered,
30 Jalan Sultan Ismail,
50250 Kuala Lumpur
Telephone:+603 2711 1606
Facsimike:+603 2711 0848
Website: www.alkhairmalaysia.com

2. Deutsche Bank Aktiengesellschaft

HQ Address: Level 18, Menara IMC, Jln Sultan
Ismail 50250,
Kuala Lumpur
Telephone:+603 2053 6788
Facsimile:+603 2031 8707

3. PT. Bank Syariah Muamalat Indonesia

Tbk HQ Address: G.23, Ground Floor,
Kompleks Antarabangsa, Jalan Sultan Ismail,
50250 Kuala Lumpur
Telephone:+603 2711 0807
Facsimile:+603 2711 2528

イスラム保険会社

1. AIA Public Takaful Berhad

HQ Address: Menara AIA, 99, Jalan Ampang,
50450 Kuala Lumpur
Telephone: 1300 88 8922
Facsimile:+603 2056 3690
Website: www.aiapublic.com.my

2. AmMetLife Takaful Berhad

HQ Address: 12 Floor, Bangunan AmAssurance,
No.1 Jalan Lumut,
50400 Kuala Lumpur
Telephone:+603 4047 8000
Facsimile:+603 4043 2007
Website: http://www.ammetlife.com/takaful/

3. Great Eastern Takaful Berhad

HQ Address: Level 3, Menara Great Eastern, 303,
Jalan Ampang,
50450 Kuala Lumpur
Telephone:+603 4259 8338
Facsimile:+603 4259 8808
Website: www.i-great.com

4. Etiqa Takaful Berhad

HQ Address: Level 19, Tower C, Dataran Maybank,
No.1, jalan Maarof,
59000 Kuala Lumpur
Telephone:+603 2612 5000
Facsimile:+603 2698 1010
Website: www.etiqa.com.my

5. HSBC Amanah Takaful (Malaysia) Berhad

HQ Address: 8th & 9th Floor, North Tower,
No.2, Leboh Ampang,
50100 Kuala Lumpur
Telephone:+603 2075 3000
Facsimile:+603 2031 0833
Website: www.takaful.hsbcamanah.com.my

6. Hong Leong MSIG Takaful Berhad

HQ Address: Level 5, Wisma Hong Leong,
18 Jalan Perak, 50450 Kuala Lumpur
Telephone:+603 7650 1800
Facsimile:+603 7620 6730
Website: http://www.hlmsigtakaful.com.my/

7. MAA Takaful Berhad

HQ Address: 8th Floor, No.566, Jalan Ipoh,
51200 Kuala Lumpur
Telephone:+603 6287 6666
Facsimile:+603 6259 0088
Website: www.maatakaful.com.my

8. Prudential BSN Takaful Berhad

HQ Address: Tingkat 8A, Menara Prudential,
10 Jalan Sultan Ismail,
50250 Kuala Lumpur
Telephone:+603 2053 1188 (General line)
Facsimile:+603 2072 6188
Website: www.prubsn.com.my

9. Sun Life Malaysia Takaful Berhad

HQ Address: Level 11, No.338,
Jalan Tuanku Abdul Rahman,
50100 Kuala Lumpur
Telephone:+603 2612 3600
Facsimile:+603 2698 7035
Website: www.sunlifemalaysia.com

10. Syarikat Takaful Malaysia Berhad

HQ Address: 26, Annex Block,
Dataran Kewangan Darul Takaful,
No.4, Jalan Sultan Sulaiman,
50000 Kuala Lumpur
Telephone:+603 2268 1984
Facsimile:+603 2274 0237
Website: www.takaful-malaysia.com

11. Takaful Ikhlas Berhad

HQ Address: IKHLAS Point, Tower 11A,
Avenue 5, Bangsar South,
No.8, Jalan Kerinchi, 59200 Kuala Lumpur
Telephone:+603 2723 9999
Facsimile:+603 2723 9998
Website: www.takaful-ikhlas.com.my

参考文献

Azizi, M.Z.A (2009). *Islamic stockbroking for Maybank investment bank.* Kuala Lumpur: Muamalah Financing Consultant.

Capital Markets and Services Act 2007. (2013). *Securities Commission, Malaysia.* Retrieved from http://www.sc.com.my/wp-content/uploads/eng/html/cmsa/ cmsa2013/2013_cmsa_full _121228.pdf

Dasuki, W. A. (2009, 2nd-3rd July). *Syariah parameters on Islamic foreign exchange swap as hedging mechanism in Islamic finance.* International Conference on Islamic Perspectives on Management and Finance. University of Leicester.

El-Gamal, Mahmoud A. (1999). Discussion forum: Islamic financial derivatives. *In International Journal of Islamic Financial Services*, 1.

Estrella, A., & Mishkin, F. S. (1998). Predicting U.S. recessions: Financial variables as leading indicators. *The Review of Economics and Statistics*, *80*(1), 45-61.

Galston, W. A., & Hoffenberg, P. H. (2010). *Poverty and morality: Religious and secular perspectives.* Cambridge: Cambridge University Press.

Islamic Banking Handbook. (2010). *Institut Bank-Bank Malaysia* (1st ed.). Kuala Lumpur.

Ismail, A. G. (2010). *Money, Islamic banks and the real economy.* Singapore: Cengage learning Asia.

Iqbal, Zamir., & Hiroshi Tsubota. (2006). Emerging Islamic capital markets. *Islamic Finance Review, Euromoney Handbook, Euromoney Institutional.* Investor PLC, London, 5-11.

Kamali, M. H. (1999). Prospects for an Islamic derivative market in Malaysia. *Thunderbird International Business Review 4*(5), 23-540.

Kunhibava, S. (2012). Islamic banking in Malaysia. *International Journal of Legal Information*, Spring-Summer.

Labuan Islamic Financial Services and Securities Act 2010. (2010). *Labuan International Business and Financial Centre, Malaysia.* Retrieved from https://www.labuanibfc. com/ legislation-main/907/details.html

MIFC Insight Report. (2014). Retrieved from http://www. mifc.com

Read, Howard. (1981). *The preminence of international financial centrers.* New York: Praeger.

Security Commission of Malaysia. Retrieved from http:// www. sc.com.my

Slides presentation of Fundamentals of Islamic Banking presented by Ahmad Sanusi.

Husain, Executive Director, AIBIM, Muhammad Faozie Shahari, AmIslamic Bank Berhad and Jamil Ramly, IBFIM. FSTEP, Bank Negara Malaysia. (2015, 27 November). Retrieved from http://www.slideshare.net/guenaizia/fundamentals-of-islamic-banking-48001392

Wilson, Rodney. (2009). Islam. In P. Jan., & Van Staveren (Eds.), *Handbook of economics and ethics* (pp.283-290). Irene: Edward Elgar.

索引

ア行　アーラーヌ契約Ｉ（RA-i）　36
　　　お金の役割　4
　　　お金　4, 17
　　　イジャーラ　15
　　　イスラム　1
　　　イスラム・インデックス　45
　　　イスラム株式市場　42
　　　イスラム株式仲介　44
　　　イスラム為替スワップ　49
　　　イスラム銀行　33
　　　イスラム金融の原則　7
　　　イスラム・コマーシャル・ペーパー（ICP）　46
　　　イスラム証券　46
　　　イスラム短期金融市場　32
　　　イスラム・デリバティブ市場　47
　　　イスラム保険　34
　　　イスラム金融機関会計監査機構（AAOIFI）　52
　　　イスラム金融手形（IAB）　36
　　　イスラム金融　1, 4-7, 9-10, 12, 51-54
　　　イスラム金融サービス委員会（IFSB）　51
　　　イスラム・ユニット・トラスト　43
　　　イスラム長期金融市場　39
　　　イスラム通貨間スワップ（ICCS）　50
　　　イスラム・ミディアム・ターム・ノート（MTBs）　46
　　　イスラム有価証券（INI）　36
　　　イスラム民間債務証券（IPDS）　36
　　　イスラム利潤スワップ（IPRS）　48
　　　イスラムREIT　43

カ行　改善　6
　　　買い戻し契約（SBBA）　35
　　　カガマス・ムダラバ債（SMC）　35

　　　　　ガラール　29
　　　　　期間構造　19
　　　　　期待価格　18
　　　　　形態　12
　　　　　規則　51
　　　　　銀行業　1, 4 - 6, 9 - 10, 12
　　　　　金融市場　32, 51
　　　　　景気循環　21
　　　　　国際イスラム金融市場（IIFM）　52
　　　　　原則　7

サ行　　時間的価値　17
　　　　　資本主義経済　7
　　　　　シャーリア法の原則　1
　　　　　純粋期待仮説　20
　　　　　証券委員会　56
　　　　　従来の銀行　33
　　　　　市場分断仮説　20
　　　　　スクーク　47
　　　　　スクーク BNM イジャーラ（SBNMI）　37
　　　　　政府　35
　　　　　政府投資証券（GII）　35

タ行　　哲学　4
　　　　　中央銀行金融手形ｉ（BNMN - ｉ）　35

ナ行　　2007 年長期金融市場サービス法（CMSA2007）　57
　　　　　2010 年ラブアン・イスラム金融サービス証券法
　　　　　（LIFSSA）　58

ハ行　　必要性　5
　　　　　法律の出典　57

マ行　　マイシール　31
　　　　　マカシド　5
　　　　　ムダラバ　13 - 14
　　　　　ムダラバ銀行間投資（MII）　34

　　　　　ムシャーラカ　12
　　　　　ムラバハ　14

ラ行　　ラブアン金融サービス機関（ラブアンFSA）　56
　　　　　利益　27
　　　　　リバー　24 - 27
　　　　　リバーと利益　27
　　　　　リバーの禁止　25
　　　　　リバーの意味　24
　　　　　リバーの分類　28
　　　　　リスク構造　22
　　　　　利率を理解する　17
　　　　　利子　17
　　　　　利便性　6
　　　　　流動性プレミアム仮説　21
　　　　　利率　17 - 19

ワ行　　ワディア預金　35
　　　　　WI取引　36

イスラム金融の基礎　金融市場編
2017年10月20日　第1刷　発行

著　者　　サバリア・ノルディン
　　　　　ザエマ・ザイヌディン
訳　者　　岡野俊介
発行所　　公益社団法人日本マレーシア協会
　　　　　〒102－0093　東京都千代田区平河町1－1－1
　　　　　Tel. 03-3263-0048
発売元　　株式会社紀伊國屋書店
　　　　　〒153－8504　東京都目黒区下目黒3－7－10
　　　　　ホールセール部（営業）Tel. 03-6910-0519
印刷・製本　ITBM & UUM PRESS (Malaysia)
ISBN　978-4-87738-486-9 C3033
定価は外装に表示してあります。
無断で本書の一部または全部の複写・複製を禁じます。